Thomas Thalmaier

Schutzbriefe vom Herzog?

Willebadessen und der „tolle Christian"
Frühjahr 1622

Eine Annäherung

© 2022 Thomas Thalmaier
Mühlenstr. 5 | 34439
Willebadessen www.confinium.de
Herstellung und Verlag:
BoD - Books on Demand,
Norderstedt
ISBN 9783756890033

Cover: Bearbeitete Version der gemeinfreien Bilddatei des Stichs abrufbar unter: https://upload.wikimedia.org/wikipedia/commons/9/90/Christian_von_Braunschweig_und_westfälische_Städteansichten.jpg

Die Deutsche Nationalbibliothek verzeichnet diese Publikation in der Deutschen Nationalbibliographie; detaillierte bibliographische Daten sind im Internet unter https://www.dnb.de abrufbar.

Dieses Werk ist urheberrechtlich geschützt. Jede Verwertung außerhalb des Urheberrechts ist ohne Zustimmung des Herausgebers unzulässig. Das gilt insbesondere für die elektronische oder sonstige Vervielfältigung, Übersetzung, Verbreitung und öffentliche Zugänglichmachung.

Alle Rechte vorbehalten. All rights reserved.

Inhalt

Der blinde Fleck 7

Die Situation des Alten Reichs 13

Das europäische Theater 15

Söldner im Lande 20

Der Heerführer 29

Die Situation in Willebadessen 33

Löwen und Borlinghausen 41

Ein Schuldschein 46

Thesen 48

   Benutzte Literatur 57

   Anmerkungen 60

Der blinde Fleck

Gemeinhin gilt der Dreißigjährige Krieg 1618-1648 als eine Zeit der Verwüstung, des Plünderns und Landverderbens, in der Nichts und Niemand vor marodierenden Söldnern sicher war. Ganze Landstriche sollen verdorben worden sein, die Bevölkerung Deutschlands, so heißt es leichthin pauschalisierend, sei um ein Drittel, mancherorts gar um die Hälfte in den Kriegswirren dezimiert worden. So entsteht der Eindruck, Deutschland sei sprichwörtlich nach Gryphius „nunmehr gantz, ja mehr denn gantz verheeret"[1] worden – doch so einfach ist die Sache nicht.

Denn erstens konnte der Jenaer Agrarhistoriker Günther Franz (1902-1992) als einer der Ersten schon 1940 nachweisen, dass es sich bei den entvölkerten Landstrichen zwar tatsächlich um menschenleere Regionen, verlassene Gegenden und wüste Felder und Fluren handelte.[2] Doch den Grund hierfür fand er in den Wanderungsbewegungen der Bevölkerung, die vor den herannahenden Söldnerheeren flohen oder (ganz im Gegensatz zur kolportierten Meinung) mit diesen zogen, weil sie sich hierin ein besseres Leben versprachen. Oftmals wurden Bauern jedoch auch zum Dienst unter einem beliebigen Feldherrn gepresst. Hunger und Seuchen taten das ihre – in allen Fällen fiel jedoch die Heimstatt wüst.

Zum anderen kumuliert das kollektive Gedächtnis gern die Tatsachen, so dass Fakten nachfolgender Jahre auch an den Anfang einer Epoche gerückt werden. Und so gerät der Befund zum Bevölkerungsverlust des gesamten Krieges schon mal an den Anfang der Reihe der Vorkommnisse, anstatt ihn als Folge der vorangegangenen Jahre zu erkennen.

Dieses kleine Beispiel mag recht profan anmuten, es steht jedoch symptomatisch für die Überlieferung der Geschehnisse des betreffenden Zeitraums zwischen den Jahren 1618 als dem Schicksalsjahr des Prager Fenstersturzes und 1648 als dem Jahr der Verabschiedung des Westfälischen Friedens. So klar das Ende der Ära dieses so genannten „konfessionellen Zeitalters" ersichtlich ist, so verschwommen sind die Missverständnisse, Versäumnisse, Bündnisse, Staats- und Herrscherfehler, die zum Ausbruch und zur Aufrechterhaltung dieses Krieges führten.

Seit gut einhundert Jahren schwelte zudem der Streit um die Sprache des jeweiligen Bekenntnisses, und dieser Streit machte vor nichts und niemandem Halt, alle waren betroffen, jedermann herausgefordert. Bei derart unzähligen Gründen lässt sich kein zentrales Vorkommnis ausmachen, das sich heute als Urkatastrophe des Dreißigjährigen Krieges identifizieren ließe. Über vierhundert Jahre sind seither vergangen, wer wollte da noch wissen, was den Funken ausmachte, der zuletzt alles in Brand setzte?

Anders als es das Zusammenspiel unglücklicher Zufälle und auch anders als die herbeiargumentierten Gründe für Kriege und Katastrophen späterer Jahrhunderte vermuten lassen, hat die Historiographie in Hinblick auf den Dreißigjährigen Krieg jedoch eine ganz eigene Note. Neben stichhaltigen wissenschaftlichen Erkenntnissen der Forschung ist sie reichlich durchwoben von Histörchen, Kolportagen, Vermutungen, oft auch freimütig eingefärbten Meinungen einzelner Autoren und recht häufig auch regionalen Legenden wie etwa für die hiesige Region jene des so genannten „Maria Schuß" in Geseke oder des „Trompetersprungs" bei Rheder.[3] Diese meist mündlich tradierten und erst zu einem späteren Zeitpunkt schriftlich festgehaltenen Legenden (freilich stets auch gern mit einer Prise Moral gewürzt) spielen nur allzu oft ins Märchenhafte, ja Surreale und sind daher mit Vorsicht zu behandeln. Auch die Legende vom „tollen Christian" und den Paderborner Libori-Reliquien,[4] welche besagt, der Braunschweiger habe, als er 27jährig auf dem Totenbett lag, sich noch der von ihm gewaltsam geraubten Reliquien erinnert und reumütig gewünscht, Gott und seinen Heiligen nicht derart gelästert zu haben, will mir eher als ein Beispiel bester Legendenbildung erscheinen denn als historisches Faktum.

Solcherlei Legenden um die Person des Christian von Braunschweig haben bereits 1926 Heinrich von Xylander und 1929 Hans Wertheim aufzuspüren und zu entkräften versucht. Denn Legenden passen so gar nicht zur historischen Gestalt dieses für seine Zeit hervorragend ausgebildeten und belesenen, bereits in jungen Jahren weit gereisten und studierten Höflings aus dem nicht unbedeutenden Herzogenhaus der Welfen in Braunschweig-Wolfenbüttel.

Und doch ist selbst der Biograph Christians, Heinrich von Xylander, nicht davor gefeit, einer solchen Legende zu erliegen:

„Vielleicht hat er damals eine Tat begangen, von der der Chevalier Aubéry in geschwätziger Übertreibung erzählt, er habe sie sich öfters geleistet: Der Herzog habe, etwa gelegentlich eines Spazierritts einen Dachdecker erblickt, der auf der schwindelnden Höhe eines Kirchturms seine gefahrvolle Arbeit verrichtete. Christian habe den Karabiner seines Begleiters ergriffen und nach lebendiger Scheibe geschossen, bis der Unglückliche vor seinen Füßen zerschellt sei".[5]

Xylander rückt diese Episode zwar an den Rand des Fragwürdigen. Doch ist sie ihm auch spektakulär genug, dass er sie nicht aussparen will. Einen Gegenbeweis liefert er nicht, außer entschuldigend anzuführen, ein geschwätziger Chevalier sei es vielleicht, der davon berichte.

Und doch, es ist nichts als Legende. Und zudem auch noch eine sehr schlechte. Denn der so genannte *Vorfall* lässt sich weder mit den Jahren 1620 bis 1626 als Christians aktiver Zeit als Heerführer in Verbindung bringen noch mit Christian selbst oder auch nur seinem Namen. Es handelt sich vielmehr in sehr auffälliger Weise um die Darstellungen aus Annette von Droste-Hülshoffs Ballade *Kurt von Spiegel*,[6] und, wollte man das Geschilderte zeitlich einordnen, um Vorkommnisse nach dem Jahr 1661, als Ferdinand von Fürstenberg zum Fürstbischof von Paderborn gewählt wurde: Besagter Kurt von Spiegel soll am Ende einer Jagdgesellschaft, zu der Fürstbischof Ferdinand von Fürstenberg geladen hatte, aus Frust über sein miserables Jagdglück und aufgestachelt durch die Häme seiner Jagdgenossen einen Dachdecker (!) vom Neuhäuser Schlossdach geschossen haben, um so trotzig seine Treffsicherheit zu beweisen. Spiegel floh, kehrte jedoch Jahre später zurück, wurde verhaftet und schließlich hingerichtet. Noch heute zeugt eine steinerne, liegende Figur am Giebel eines der Dächer des Schlosses in Schloss Neuhaus von dieser Legende.[7]

Xylander kolportiert somit unwissentlich eine tatsächliche Legende um Christian von Braunschweig, obwohl das genaue Gegenteil in seiner Absicht liegt. Mangels eindeutiger Hinweise oder (in diesem Fall) lokaler Kenntnis, liefert selbst der um ein positives Christian-Bild bemühte Xylander ganz entgegen seiner eigenen Intention einen Beweis dafür, wie schwer es ist, die historische Gestalt des Braunschweiger Herzogs von den ihm angedichteten und nachgesagten Verbrechen zu trennen.

Derlei will nicht passen zur Gestalt eines Christian, der zum Winter 1621/22 bereits über viele Monate das Flair und den Gestus der zu jener Zeit hochmodernen, weltoffenen und freiheitsliebenden höheren Gesellschaftskreise der niederländischen Generalstaaten im Umkreis seines Schwagers Casimir in sich aufgenommen hatte. Zuvor hatte er bereits über ein Jahr am Hof seines leiblichen Onkels verbracht, des Königs von Dänemark, der zu den mächtigsten Potentaten im Ostseeraum zählte. Christian sprach Latein und Englisch, wohl auch Dänisch. Das Französische indes lag ihm gar nicht. Er war in den bildenden Künsten unterrichtet worden, hatte philosophische und historische, aber auch staatsrechtliche und vor allem militärische Schriften gelesen. Seine größte Leidenschaft war jedoch die körperliche Betätigung: Laufen, Ringen, Fechten und hier vor allem das Reiten. Als Sohn des am kaiserlichen Hof als Justiziar tätigen Herzogs Heinrich Julius (1564-1613), an dessen eigenem Hof in Wolfenbüttel der weithin bekannte Georg Engelhardt von Löhneysen (1552-1622) als Reit- und Stallmeister seinen Dienst versah,[8] dürfen wir davon ausgehen, dass Christian bei Löhneysen das Reiten lernte. Die Begabung des jungen Christian für das Reiten mag man auch daran ablesen, dass ihm seine Mutter Elisabeth (1573-1626) ein erstes Pferd schenkte, als er gerade zehn Jahre alt war.[9]

All das gab ihm schon in jungen Jahren das Ansehen eines Reiterführers, der unerschrocken seinen Regimentern vorausstürmte und einen Ruf beförderte, den sich später der Zwanzigjährige als Kavalleriehauptmann unter Moritz von Oranien erwerben konnte. Das verwegene Reiten war ihm zu eigen, worüber sich Freund wie Feind zeitlebens einig waren. Selbst als nach der Schlacht bei Fleurus am 29. August 1622 körperlich versehrter, einarmiger Reiter genoss er noch ein solches Ansehen, was noch einmal mehr den Nimbus des *tollkühnen Christian* beförderte, den man seit 1622 an ihm zu entdecken glaubte. Einen Nimbus, von dem zu sprechen Christian hingegen allseits verbot.[10]

Hinsichtlich der späteren Vorfälle in Paderborn wurde erst in jüngster Zeit wieder der Fingerzeig auf eben jene Ungereimtheiten gegeben, die sich in der Geschichte des Paderborner Landes in Hinblick auf den jungen Welfenherzog Christian ergeben. So etwa wenn der Paderborner emeritierte Historiker Frank Göttmann in seiner Einleitung zur Stadtgeschichte über die vorgefundene Quellenlage schreibt:

> „Liebgewordene, farbig ausgeschmückte Feindbilder haben so oft an Überzeugungskraft eingebüßt und erweisen sich nun im nachhinein als gezielte Mythenbildung – wie etwa im Fall des vornehmlich als Räuber des Liborischreins etikettierten ‚Tollen Christian' von Braunschweig, der 1622 Paderborn besetzt hielt und dem man dann generationenlang eine maßgebliche Verantwortung für den Niedergang Paderborns aufbürdete".[11]

Eine genaue Einschätzung der Charakteristika der Person des Christian von Braunschweig bleibt schwer zu bewältigen. Viele haben sich daran versucht, doch ist es nur sehr wenigen Autoren gelungen, ein ebenso schlüssiges wie differenziertes Bild des Herzogs zu entwerfen. Es saß zudem auch immer der Zeitgeist mit am Schreibtisch, insbesondere wenn Worte über diesen Herzog aus Braunschweig zu Papier gebracht werden sollten.

Die Auflösung des Klosters Willebadessen im Jahr 1810 und der damit einhergehende Verlust administrativer Unterlagen und der gesamten Bibliothek wird nicht der letzte Grund für das Verschwinden von Briefen, Rechnungen, Listen und persönlichen Nachlassenschaften jeglicher Art gewesen sein.[12] Anhand solcher Quellen würde man eine Neueinordnung der historischen Zusammenhänge um Willebadessen im Jahr 1622 wagen können, wenn auch nur mit sehr großer Mühe. So bleibt uns heute nichts anderes übrig, als sich anhand von Indizien und Thesen der Frage anzunähern, die hier behandelt werden soll.

Die Situation des Alten Reichs

An dieser Stelle ist der faktischen Geschichte nichts hinzuzufügen. Die Erörterungen und Analysen der Hergänge zur Dynastien- und Schlachtengeschichte sind Legion. Doch so vielfältig die Gründe für einen anfänglich lediglich böhmischen, demnach reichsinternen Konflikt gewesen sein mögen, er wucherte sich aus zum europäischen Flächenbrand. Spätestens mit dem 6. Juli 1630 wurde die europäische Tragweite des Krieges offenbar, als der schwedische König aktiv in den Krieg eingreift. Das Chaos und Landverderben, wie wir es in Erinnerung haben, tritt in seine neue, eine brutalere Phase ein. Beispielhaft für das überlieferte Bild jener Zeit mag hier der Aufmacher eines Paderborner Artikels von 1922 gelten, der die noch heute vorherrschende, reichlich plakative Sicht auf den betreffenden Zeitraum wiedergibt:

> „Wohl niemals zuvor hatte die Paderstadt und das Paderborner Land solche Schrecknisse und Drangsale erlebt, solche Bedrückungen und Schädigungen erlitten als in den Spätwinter- und Frühlingstagen des Jahres 1622 [...] da der Herzog Christian von Braunschweig mit seinen Raubscharen sengend, brennend und mordend durch die westfälischen Gaue zog, dabei auch im Hochstift Paderborn den ehemals so blühenden Wohlstand vollkommen vernichtete".[13]

Die hier angesprochene Katastrophe ist zwar mit Sicherheit nicht falsch, aber mit ebensolcher Sicherheit ist sie übertrieben.

So mancher möchte diese Schilderung akzeptieren, doch verschleiert sie die Tatsachen, besonders im Hinblick auf das eingangs erwähnte Verschmelzen verschiedener, sich in ihrer Intensität steigernder Fakten zu einer Gemengelage.

Das Alte Reich, beherrscht und geführt durch das kaiserliche Haus Habsburg, war zutiefst zerstritten und zersplittert in unzählige Fronten, die sich nur oberflächlich nach ihrer jeweiligen Konfession formierten. Die Kurpfalz und die Markgrafschaft Baden-Durlach, später mit Hessen-Kassel und Sachsen-Anhalt, der so genannten *teutschen Seite*, standen ab 1609 das Herzogtum Bayern und die katholischen Kurfürstentümer Köln, Mainz und Trier als der *altgläubigen Seite* gegenüber.

Auch diese Differenzen wurden ins Paderborner Land getragen, und so handelte es sich beim Einfall Christians ins Stift Paderborn und der damit verbundenen Besetzung des Umlandes nicht nur um einen jener Kriegszüge, wie sie auch zur gleichen Zeit anderenorts stattfanden und dort schon zu einem regelrechten Krieg ausgeartet waren.

Christian hatte bereits als Junge von 1611 bis 1613 bei seiner ältesten Schwester Sophie in den Niederlanden gelebt. 1619 hatte er bereits Reitereinheiten unter Moritz von Oranien im niederländisch-spanischen Krieg geführt und dabei gesehen, erlebt und gelernt, wie man eine Armee aufstellt, wie man sie führt und vor allem, wie man sie unterhalten kann. Dabei war er bereits als junger Reiterführer ebenso idealistisch wie kompromisslos für die protestantische Sache[14] eingetreten, doch nun in Westfalen, noch dazu im Winter, stand ihm der Sinn weniger nach militärischen Auseinandersetzungen, vielmehr fokussierte er sich vorrangig auf die Konsolidierung und Festigung seiner Stellung als Heerführer. Dabei ging er energisch zu Werke, hingegen war ihm an einer blutrünstigen und blindwütigen Zerstörung nie gelegen, denn sein Handeln zeigt deutlich, dass er vor allem Geld und Nahrung für seine und die mit ihm ziehenden Truppen benötigte. Er stand immerhin in dem Ruf, seine Söldner zu löhnen. Und das hierfür notwendige Geld wurde nach allen Regeln des damaligen Kriegsrechts, wo immer möglich, aus dem Land gepresst.

Das Stift Paderborn war in die vorausgegangenen politischen Auseinandersetzungen nicht direkt involviert gewesen, zumindest nicht mehr seit 1604 der konfessionell begründete „Kampf um Paderborn" und seines Umlandes mit der Hinrichtung des Bürgermeisters Liborius Wichard ein unrühmliches Ende genommen hatte. Die durch Fürstbischof Dietrich von Fürstenberg vorangetrieben Gegenreformation hatte den Orden der Jesuiten in Paderborn etabliert und weiter gestärkt. Doch seit 1618 war das Hochstift verwaist und seither vom Kurfürsten von Köln, Ferdinand von Bayern, mehr verwaltet als regiert worden.

Reichspolitisch spielte das Stift keine Rolle und war, obwohl inmitten des Reiches gelegen, salopp ausgedrückt, eine Randerscheinung. Ein nennenswertes Kontingent zur Landesverteidigung gab es nicht, und die Räte der Stadt führten die Geschäfte nicht gerade erfolgreich. Das Paderborner Land war militärisch wie politisch ungedeckt, dafür aber fremden Mächten und deren Interessen ausgeliefert. Als Christian von Braunschweig schließlich anrückte, verfielen die Paderborner Räte zuerst in Hektik, bald aber in blinden Aktionismus, uneins wie sie waren.[15]

Das europäische Theater

Das Dorf Willebadessen mitsamt dem Kloster der Benediktinerinnen lag abseits der gängigen Routen. Diese verlaufen bis heute in einer West-Ost-Achse, die, als östliche Verlängerung des Hellwegs, von Paderborn kommend über Driburg nach

Brakel und weiter nach Höxter, wo sich 1622 jenseits der Weser Braunschweiger Gebiet anschloss. Von Süden nach Norden zu war ebenso eine Handelsachse auszumachen, die von Warburg und Peckelsheim bis Brakel führt wo sie die West-Ost-Tangente kreuzt und weiter nördlich ins Lippische nach Blomberg und später auch Lemgo verläuft. Entlang dieser Achsen zogen sämtliche Reisenden, deren Wege sie nicht ins Hinterland führten.

Das in einer Talsenke gelegene Willebadessen zwischen den angrenzenden Dörfern Neuenheerese (Heerse) im Norden und Borlinghausen im Süden, die ebenfalls keinen direkten Anschluss an die Handelsrouten haben, bildet den Ausgangspunkt für einen schmalen Eggeübergang in westlicher Richtung. Wo sich im Tal die Wege kreuzten, war das Nonnenkloster gegründet worden und beherrschte mit seinen Gütern seither die Umgebung. Es besaß eine Klausur und wurde seelsorglich betreut von der etwa dreißig Kilometer entfernt gelegenen Abtei Marienmünster.

In Neuenheerse war indes das freiweltlich adelige Damenstift Heerse ansässig: ein Zusammenschluss hochadliger begüterter Damen nach Art eines Kanonissenstifts ohne gemeinsame Regel, das weniger Güter bewirtschaftete, aber deutliche Beziehungen nach Driburg und Brakel unterhielt.

Das Kloster in Willebadessen dürfte das Leben im Dorf bestimmt haben. Mehrere Besitzungen innerhalb der Stadtmauern wie auch nicht unbedeutende Liegenschaften in der Umgebung dürften das Kloster zwar zum wirtschaftlichen Mittelpunkt des Dorflebens entwickelt haben, aber die Wirtschaftskraft des Klosters hat es nicht zu einem bedeutenden Handelspunkt der Umgebung anwachsen lassen. Die geographische Lage war hierfür zu abseitig, die Straßen allzu wenig genutzt. Lediglich westlich Willebadessens bestand der erwähnte Übergang über das Eggegebirge nach Kleinenberg zu, der ebenfalls nicht stark frequentiert wurde, da er nur mäßig und unterbrochen mit Pflasterungen aus der Zeit des Frankenreichs befestigt war.

In dem hier besprochenen Zeitraum sind lediglich fünf bayrische Reiterkompanien unter Obristleutnant Dietrich von Erwitte überliefert, die diesen Weg nutzten: Aus Geseke am 9. März 1622 abgerückt, waren sie die Nacht durchgeritten und trennten sich am Morgen des Folgetags bei Kleinenberg vom Hauptkontingent. Sie stiegen durch das Hellebachtal nach Willebadessen ab, um Borgentreich zu belagern, während weitere sieben Regimenter auf Warburg zogen, das diese am frühen Nachmittag erreichten und sogleich überfielen.[16]

Man ist versucht, die Lage und das Leben im Talkessel am oberen Nethelauf als idyllisch zu verstehen. Mangels Quellen und besserer Überlieferung entsteht dieser Eindruck eines gemächlichen und geordneten Lebens. Doch der Schein trügt auch hier, denn die Nonnen waren meist gut informiert über die Vorgänge der Region wie wohl auch denen in der Welt. Regelmäßig entsandte man berittene Boten mit den unterschiedlichsten Aufgaben in alle vier Himmelsrichtungen. Wenn diese zurückkehrten, wussten sie zu berichten vom niederländisch-spanischen Konflikt, in dem Spanien und die niederländischen Generalstaaten um die Vorherrschaft in Flandern und Wallonien rangen, während zur gleichen Zeit der Konflikt zwischen Dänemark und Schweden um die Herrschaft im Ostseeraum schwelte.

Hiervon hatte bereits der junge Christian einiges zu sehen bekommen, als er 1615 ein Jahr lang in Kopenhagen bei seinem Onkel König Christian IV. von Dänemark an dessen Hof verbrachte.[17] Er ist dort in die Sichtweise und das Weltbild des reformiert-protestantischen europäischen Hochadels eingeführt worden und konnte aus eigener Anschauung miterleben, wie sich sein Onkel behutsam daran machte, seine expansive Politik auf das Gebiet des Alten Reiches auszuweiten.

Als Christian später mit seiner Braunschweigischen Armee in Westfalen quartierte und das Land requirierte (wobei der Oberbegriff „Armee" für allerlei Truppen, zuweilen auch recht kleine Kontingente diente), erreichten ihn niederländische Subsidien durch Handelsschiffe auf der Weser, zusammen mit Geldreserven aus England. Denn nicht nur die Generalsstaaten, auch der englische König unterstützte den jungen Braunschweiger auf seinem Weg zur Pfalz. Grund hierfür war die nicht sonderlich verhohlen gehaltene Feindschaft Englands gegenüber Spanien, mit dem es um die Vorherrschaft auf den Weltmeeren und in der Neuen Welt stritt. Daher unterstützen die Engländer das Vorhaben der niederländischen Generalstaaten, um die spanische Krone auf Nebenkriegsschauplätze zu zwingen und so nachhaltig zu schwächen.

Leicht läßt sich bei all diesen Hintergründen erkennen, dass es sich bei dem Einfall in Westfalen keineswegs nur um eine Laune des als wankelmütig und unreif gescholtenen Christian handeln kann. Auf den Schultern des 22jährigen lagen in jenen Monaten tatsächlich die Hoffnungen gleich mehrerer gekrönter Häupter und der freien Niederländer. In gleichem Maße machte sich der Braunschweiger Herzog ebensolche hohen Herren zum Feind, allen voran den Kaiser in Wien, den mächtigsten Mann im Reich. Es dürfte daher klar sein: Christians Heerzug ins Westfälische war keine bloße Fehde mehr zwischen einem Exilkönig und dem Kaiser, sondern bereits eine Angelegenheit, die sich auf europäischem Parkett bewegte und internationale Tragweite entwickelt hatte. Und auch hiervon wussten die Nonnen im stillen Kloster zu Willebadessen.

Doch sie dürften im Unklaren geblieben sein über die im Hintergrund längst gefällte Entscheidung, die reichsrechtlich dem Kurfürsten Friedrich V. und seinem Nachkommen von Geburt an zustehende pfälzische Kurwürde dem Bayernherzog

Maximilian zu übertragen. Man argumentierte, Friedrich habe sich mit der Wahl zum König von Böhmen offen gegen Habsburg gewandt, weswegen er mit der Reichsacht belegt worden war und somit das Recht auf seine Kurwürde verwirkt hatte. Dass eine Kurwürde aber an den Ort, in diesem Fall Pfalz bei Rhein gebunden war, wurde freilich übersehen. Hier aber hatte der Bayer Maximilian seine Gelegenheit, den ungeliebten Verwandten in Heidelberg auszustechen, indem er dem Kaiser das geheime Versprechen abrang, sich nun durch die militärische Unterstützung im Feldzug gegen Böhmen die vermeintlich vakant gefallene Kur der Pfalz verdient zu haben. Dieser Streit zwischen der pfälzischen und der bayrischen Linie des Hauses Wittelsbach um die Kurwürde bei Rhein, bekannt als *Causa Palatina*, wurde bereits seit mehreren Jahrhunderten ausgefochten. Sie sollte noch den Verlauf des Krieges andauern, und fand erst 1648 mit der Schaffung der nunmehr achten Kurwürde für Bayern im Friedensvertrag von Osnabrück ein Ende – womit Osnabrück implizit das abschließende Urteil über die 1623 unrechtmäßig an Bayern übertragene Kur fällte.

Den jungen Christian aus dem Haus der Welfen fand man hingegen 1622 auf der Seite des Pfälzers. Zu sehr war er der Spross eines reichsunmittelbaren, hochadeligen Standes, als dass er sich nicht gegen die habsburgische Politik, die ihm arg willkürlich erschien, aufgelehnt hätte. Damit stand er zugleich für den jungen Hochadel des Reichs, der sich nicht so einfach die überkommenen Rechte durch das widerrechtliche Wirken des Kaisers aus den Händen nehmen lassen wollte. Um ihn scharten und verschworen sich junge Adelige,[18] die in ihm ein Vorbild und gleichzeitig, als legitimen Repräsentanten eines der angesehensten Herrscherhäuser Norddeutschlands, auch einen Garant für das Gelingen der eigenen Ansprüche sahen. Da sich nach der verlorenen Schlacht am Weißen Berg bei Prag am 8. November 1620 niemand mehr fand, der sich, obgleich rechtlich durchaus möglich, offen gegen eine habsburgische Expansionspolitik stellte, blieb zunächst nichts anderes übrig als den bereits begonnenen Aufstand der Böhmen gegen Habsburg mit den durch das Geld der Niederländer finanzierten Truppen weiterzuführen. Zusammen mit dem Markgrafen von Baden-Durlach und dem von den Niederländern angeworbenen Söldnerunternehmer Ernst von Mansfeld ergriff Christian im Namen seiner Standesgenossen offenen Widerstand gegen den listigen Bayernherzog Maximilian, der wegen seiner finanziellen wie auch militärischen Möglichkeiten als oberster Heerführer der katholischen Partei fungierte.

Söldner im Lande

Zu Beginn des Krieges war das Wesen der Söldnerheere schon im Niedergang begriffen, und von den alten, stolzen oberitalienischen Condottieri, eidgenössischen Reisigen und deutschen Landsknechten des vorausgegangenen Jahrhunderts kaum noch etwas geblieben. Aber dennoch gab es noch Ehrenhandel oder ritterliches Fechten, man würde sogar von einem Kriegsrecht sprechen können. Vom heutigen Standpunkt aus ist es freilich einerlei, ob die ersten Jahre des Krieges noch geordnet abgingen. Für die hier zu behandelnde Frage nach Verfassung und Zustand von Kloster und Ort Willebadessen ist es jedoch von Bedeutung, ob sich die überwinternden Söldner schon so verhielten wie es ihre Nachfolger zwanzig Jahre später taten.

Ausgehend von der überlieferten Meinung, der Dreißigjährige Krieg habe ein Drittel der Menschen das Leben gekostet und schließlich sei jeder gegen jeden angegangen, sieht man heute häufig einseitig gefärbt auf jene Zeiten zurück. Bei genauem Hinsehen aber zeigt sich, dass keinesfalls schon zu Beginn des Jahres 1622 die Soldateska derartig verroht und verkommen gewesen sein kann, wie sie es später erst werden sollte. Obendrein zog jedes Heer von Beginn an auch Scharlatane und Marodeure an, die sich anwerben ließen, das Werbegeld annahmen, dann aber verschwanden und nie beim vereinbarten Musterungsplatz auftauchten. Der Unterschied zwischen geworbenem Söldner und Betrüger ist aus heutiger Sicht nicht mehr auszumachen.

Der damals erst 22jährige Herzog Christian von Braunschweig-Wolfenbüttel führte gegen Ende des Jahrs 1621 ein eigenes Söldnerheer von Süden aus Hessen herauf. Anfänglich auf dem Weg zur Pfalz, war er mit seinem Heer aus der Wetterau verdrängt worden und zog sich nun zum Überwintern zurück ins Paderborner Land. Sein Auftrag war es gewesen, nicht nur mit seinen eigenen Truppen zur Pfalz vorzustoßen, um diese von den spanischen Truppen zu entsetzen, sondern auf dem Weg dorthin auch weitere Truppen für die verbündeten Heerführer Ernst von Mansfeld und den Markgrafen Georg Friedrich von Baden-Durlach zu werben.[19] Er führte also in jenem Winter gleichsam drei Heere an.

Und es sind diese Truppen der verbündeten Heerführer gewesen, die in den Städten, Dörfern und Fluren, etwa entsprechend dem Gebiet des heutigen Kreises Höxter, einquartiert waren. Der Berliner Historiker Hans Wertheim bemerkt hierzu in seiner detailreichen Ausarbeitung über Christians Heerzug jener Jahre Erstaunliches: da das Werben des Herzogs von Braunschweig in jenen Tagen (wie bis zuletzt) in den Ohren der Soldwilligen einen ausgezeichneten Klang hatten, waren es ab Ende Januar 1622 nicht nur Männer aus dem Münsterland und den besetzten Gebieten, die zu Christians Fahnen strömten, es kamen zudem Freiwillige aus dem Oldenburgischen, aus den Hansestädten, von der Unterelbe, aus Mecklenburg, aus der Kurmark und Magdeburg, Halberstadt, Thüringen, aus Hessen-Kassel, aus dem Brandenburgischen sowie vom Niederrhein und aus Kursachsen. Ungeachtet all jener aus dem Ausland, die einzeln oder gemeinsam unterwegs waren. Obendrein jene, die mit einem anderen Feldherrn unzufrieden gewesen und davongelaufen waren oder ordentlich abgedankt worden waren.[20]

Da man meinte absehen zu können, dass im östlichen Teil des Stifts Ruhe herrschen werde,[21] während Christian selbst und seine auf ihn vereidigten Söldner mit der Belagerung Warburgs, wenig später mit der Eroberung Erwittes und Soests beschäftigt waren, hatte man die Wahl auf das Oberwälder Land und die Warburger Börde fallen lassen, um hier die Werbefahnen aufzustellen. Christian sollte derweil kurioserweise ausgerechnet an dem weithin offen gelegenen, strategisch wichtigen aber auch gut zu verteidigenden Geseke scheitern. Allerdings wäre auch Paderborn eine derart harte Nuß gewesen, wäre es dem Herzog nicht durch Verrat oder durch eine unglückliche Verhandlungsstrategie der Räte[22] dem Braunschweigischen Kapitän Neuhoff und seine Reitern am 29. Januar 1622 in die Hände gefallen. In Borgentreich, Borgholz und Peckelsheim bestrafte man widersetzliche Rädelsführer. Lütgeneder, Hohenwepel und Großeneder, die sich den Braunschweigern widersetzt hatten, wurden erobert und dem Brandmeister übergeben.

Ein Wort zum Brandmeister. Es handelte sich hierbei um eine reguläre Charge des Regimentsstabes eines Söldnerheeres. Der Brandmeister hatte Brandgesellen zur Seite, die im Falle einer Widersetzlichkeit gegen den Feldherrn damit beauftragt werden konnten, anhand der Drohung, Feuer zu legen, Gelder zu erpressen. Ein Anklang dieser Vorgehensweise findet sich noch heute im Wort *brandschatzen*. Sofern die Drohung jedoch nicht fruchtete, war der Brandmeister befugt, tatsächlich

Feuer legen zu lassen und somit zuweilen ein ganzes Dorf niederzubrennen. Das Vorhandensein des regulären Amtes eines Brandmeisters beweist, dass es mit dem „sengend, brennend" aus obigen Artikelauszug nichts anderes auf sich haben kann als schlichtweg üble Rede. Alle Armeen hatten ihre Brandmeister, die kaiserlichen wie die protestantischen, die habsburgischen wie die böhmischen, die spanischen wie die englischen – und so auch jene in niederländischen Diensten. Gleichwohl waren sich die Historiker keinesfalls immer darüber im Klaren, man hielt es sogar für eine „besondere Frevelhaftigkeit Christians".[23]

Sengen und Brennen, nachdem gebrandschatzt worden war, gehörte zum damaligen Kriegshandwerk und konnte nur äußerst schwer kontrolliert werden.[24] Doch ist hier ein Hinweis auf einen interessanten Punkt, denn wenn es einen „regulären Brandstifter" gab, was war dann mit den Söldnern, denen man doch bis heute das Sengen und Brennen nachsagt? Inwieweit waren sie ermächtigt, selbst Feuer zu legen, Häuser und Höfe zu zerstören? Und darüber hinaus: gab es Verbote und gar Strafen bei etwaigen derartigen Vergehen?

Im März 1622 wurde ein Mann festgesetzt, der in Erwitte und Westernkotten Brände gelegt hatte. Man erwischte ihn, als er die Brandstiftung Lippstadts plante. Dieser nicht näher benannte Mann bekannte seine Schuld und brachte sogar die beiden nach dem Einmarsch in Paderborn bei Christian verbliebenen Jesuiten, die Patres Rimäus und Rothusen, ins Spiel, von denen er wisse, sie trügen sich mit der Absicht, den Herzog zu vergiften.[25] Dieser Beschuldigung der Jesuiten schenkt die Literatur hingegen kaum Aufmerksamkeit, da sich in Christians Verhalten keinen Anlass zu der Annahme bietet, der Herzog habe sich schrecken lassen. Im Gegenteil, die Jesuiten wurden kurz darauf frei gelassen. Der Brandstifter indes entkam seiner Strafe nicht.[26]

Ein einzelner Brandstifter wird drastisch bestraft, als man seiner habhaft wurde. Das zeigt die Außerordentlichkeit des Vorgangs und wie wichtig es dem Stab um Herzog Christian gewesen sein muss, für die öffentliche Ordnung Sorge zu tragen – und dass es nicht immer gelang. Weiterhin wirft es die Frage auf, ob es nicht noch weitere Brandstifter oder gar Saboteure in ligistischen oder kaiserlichen Diensten gab, die sich insgeheim gegen die Braunschweiger Regimenter wandten und so für Unmut in der Bevölkerung sorgten. Ein oder zwei oder auch mehrere Brandstifter werden freilich kaum diesen Unmut erzeugt haben, von dem wir heute wissen. Aber man sollte schlicht beachten, dass nicht immer nur Söldner für brennende Höfe verantwortlich gemacht werden können.

Obendrein ist keinesfalls erwiesen, ob sich nicht eventuell jene geworbenen Soldnehmer der beiden anderen Heerführer Mansfeld und Durlach gehen ließen und so für Streit sorgten. Christian führte lediglich deren Werbekommissare zur Pfalz und hatte keinen direkten Befehl über jene Scharen, da sie sich für einen anderen Feldherrn als ihn hatten anwerben lassen. Die Mansfeldischen und Durlacher Kontingente rührten keine Hand für den Braunschweiger, insbesondere wenn man bedenkt, wie Stammrollen der Söldnerregimenter im Allgemeinen aufgestellt wurden und wem und wozu sich die Männer darin verpflichteten.[27] Gemeinhin pflegten Söldner sehr akribisch darauf zu achten, zu welchen Dienstpflichten sie herangezogen werden konnten und zu welchen eben nicht.

Christian hatte die Oberwälder Werbeplätze als reine Sammelplätze belassen, so dass sich das neu geworbene Kriegsvolk erst noch zur Musterung bereitfinden musste. Diese Musterung wäre dann in Gegenwart der Obristen der Regimenter und vor allem in Gegenwart des neuen Heerführers und an einem gänzlich anderen Ort durchgeführt worden. Mansfeld selbst war jedoch zu jenem Zeitpunkt im elsässischen Winterquartier[28] und Friedrich Georg von Baden-Durlach bei Stuttgart,[29] eine abschließende Musterung wäre somit in jenen Monaten nicht möglich gewesen. Es darf auch angenommen werden, dass noch nicht jene Einheiten im Nethegau lagen, die als reguläre Söldnertruppen angeworben galten, sondern lediglich jene Männer, die entweder den bezahlten Dienst eines Feldherrn suchten oder die durch persönliche Lebensumstände an den Rand der Gesellschaft gerückt und dazu gezwungen waren, sich als Kriegsknecht zu verdingen. Dann hätten die Ortschaften als so genannte Laufplätze fungiert: Sammelpunkte nach Anwerbung, zur Bereitstellung vor Abmarsch zur abschließenden Musterung.

Die Zusammensetzung von Söldnergruppen ist allerdings allgemein nur mäßig erforscht. Neben den oben erwähnten Landsmannschaften, handelte es sich in der Hauptsache bei diesen Männern um ehemalige Bürger- und Bauernsöhne der umliegenden Grafschaften und Fürstentümer.[30] Andere Berufsschichten wie Kaufleute oder Handwerker waren in der Regel nicht unter Söldnern anzutreffen, denn diese Gruppen waren einerseits zu fest im Leben verankert und andererseits stellten sie einen allzu wichtigen Nutzen für das Allgemeinwohl dar, was sie in ihrer Selbstachtung hielt, statt als gemeine Soldnehmer das Dasein zu fristen. Einen Bauern oder einen Handwerksmeister zog es für gewöhnlich nicht zu den Fahnen, wohl aber deren überzählige Söhne. Vor allem waren es Tagelöhner, Knechte, anstellungslose Handwerksgesellen, aber auch Bettler, Landstreicher, gar Schüler und Studenten, die sich werben ließen. Auch niedere, meist verarmte Landadelige zog es zu den Werbeplätzen, wobei Stadtbürger[31] und Adelige immerhin Aufstiegschancen hatten, da man sie als prädestiniert für einen Poste als Fähnrich oder Offizier ansah. Allerdings bestand für jeden mit ausreichend Courage die Möglichkeit, Doppelsold[32] zu nehmen und es so bis zum Hauptmann oder gar Obristen zu bringen.[33]

Im Allgemeinen waren es jedoch nur Reiche, die sich die Kriegsfertigkeiten solcher Männer erkaufen konnten. Der Vorteil lag auf der Hand: freiwillige Söldner, besonders jene mit langer Erfahrung, waren den Strapazen des Kriegswesens gewachsen und mussten nur so lange besoldet werden, wie Bedarf an ihren Fertigkeiten bestand. Danach konnte sie der Feldherr entlassen und fortschicken.[34] Vor diesem Hintergrund wird klar, dass es sich bei Männern, die sich als Söldner anwerben ließen, um Männer mit einem hohen Maß an Abenteuerlust gehandelt haben dürfte, die in erster Linie ihrem Glück vertrauten. Dabei stellte der Fall, dass man „auf dem Platz bleiben", also fallen könnten, das geringste Risiko darstellte.[35] Die größte Gefahr für Leib und Leben ging für jeden von ihnen von Hunger, Kälte und Seuchen aus. Die kaiserlichen Truppen etwa verloren in den Auseinandersetzungen um die Böhmische Krone 1620 allein die Hälfte ihrer Männer durch Typhus.[36]

Doch der Beruf des Söldners stellte in den Augen mancher Zeitgenossen auch eine echte Alternative zum Leben eines Handwerkers oder Bauern dar. Zum Vergleich: das Einkommen eines einfachen Priesters belief sich auf etwa 5 Gulden im Monat. Söldner wurden mit durchschnittlich 4 Gulden monatlich entlohnt,[37] wobei ein Handwerker im gleichen Zeitraum nur 2-3 Gulden verdiente. Ein Söldner aber konnte seinen Verdienst sogar noch verdoppeln, wenn er den bereits erwähnten Doppelsold nahm und sich beim Kampf oder Sturm auf eine Stadt in die vorderste Reihe stellte.[38] Das kam allerdings im Leben eines Söldners selten genug vor, als dass er sein Einkommen hätte ansparen und sich so ein besseres Leben leisten können, und so waren diese „ersten Ränge" in der Schlacht je nach Gemütsverfassung des Einzelnen durchaus begehrt.

Zudem wurde zwar bei Aufstellung eines Regiments in den Stammrollen nicht nur der vereinbarte Lohn niedergeschrieben, auch der Zeitpunkt wurde festgehalten, wann das Entgelt zu leisten war. Und schon hier zeigte sich, der Obrist als Eigentümer des Regiments konnte oft genug selbst nicht zahlen, was den Passus über die Vereinbarungen zur Plünderung von Städten und Dörfern, die nicht einlenkten und sich ergaben, in den Augen eines Söldner reichlich dehnbar machte. Der Sold war daher nur das Grundgehalt des Söldners, die Beute hingegen das Einkommen. Eine durch den Befehlshaber zur Plünderung freigegebene Stadt war somit erst recht der Ansporn für Söldner, die Mauern zu stürmen und sich der Lebensgefahr auszusetzen. Da es keinerlei oder nur eine rudimentäre disziplinarische Instanz gab, musste sich der Feldherr oftmals durch Vergünstigungen und Zugeständnisse den Mut und die Opferbereitschaft seiner Söldner erschleichen,[39] ganz besonders wenn Desertion und Meuterei drohte, die in den Söldnerheeren des Dreißigjährigen Krieges ein Phänomen darstellte, mit dem alle Truppenführer zu tun hatten.[40]

In Feindesland stellten Heerführer gern Schutzbriefe, die so genannten *Salvaguardien*, an Städte und Bevölkerung aus und versprachen diese bei ihrem Durchzug vor Plünderung und Brandschatzung zu verschonen, wenn sie im Gegenzug eine vereinbarte, meist horrend übertriebene Summe Geldes zu zahlen bereit wären und obendrein „Schutzwachen" aufnähmen, sprich Söldner einquartierten. Wenn es dennoch zu Plünderungen kam, so wurden vorwiegend Lebensmittel und Brennmaterial entwendet, die gerade im Winter von außerordentlicher Bedeutung für die in ärmlichen Landbehausungen kampierenden Söldner waren.[41]

Geworben wurde vorzugweise für einen einzelnen Feldzug, meist im Frühjahr. Für den darauffolgenden Herbst war dann schon wieder die Entlassung abgemacht. Und selbst wenn der vereinbarte Dienst bis ins nächste Jahr abgemacht war, der Winter war des Söldners schlimmste Zeit, in der er gezwungen war, in verschiedensten verwahrlosten und armseligen Unterkünften hausen zu müssen, bis er von einer neuen Werbung für einen nächsten Feldzug erfuhr.

Die Herkunft des Söldners spielte hingegen keine Rolle, weder für den Feldherrn noch für die Kameraden. Von Beginn des Dreißigjährigen Krieges an und schon in den Jahrzehnten zuvor waren einzig und allein die Fertigkeiten der Söldner ausschlaggebend. Mag der Heerführer auch ein konfessionelles Motiv für seinen Feldzug gehegt haben, so war es ihm dennoch einerlei, in welcher Sprache die Soldnehmer ihr Bekenntnis sprachen. Christian Parteinahme für den Böhmischen König und militärische Intervention war zuallererst antihabsburgisch motiviert, weniger aus einem Missionseifer heraus, die protestantische Sache zu verteidigen. Sein Heer wie auch jene seiner Gegner waren in dieser Hinsicht bunt gemischt. Dem Söldner selbst war die Landsmannschaft der Kameraden wichtig, nicht aber ob sie ihr Bekenntnis auf Latein oder einer Landessprache aufsagten.[42]

In Willebadessen dürften demnach im Winter 1621/1622 lediglich einfache Söldner einquartiert gewesen sein, vorwiegend anspruchslose Männer, stets gemeinsam mit den sie begleitenden Familien, während die Offiziere, die ebenfalls meist mit ihren Familien und Dienern reisten, als vorübergehende Lebensumgebung ein städtisches Umfeld bevorzugten.[43] Vor dem Hintergrund, dass im Oberwäldischen Bezirk[44] vermutlich ungemusterte Lauftruppen lagen, dürften es keine kampferfahrenen Männer und erst recht noch keine abgestumpften Gesellen gewesen sein, wie sie die folgenden Jahre erst hervorbringen sollten. Letztlich ist aber über die Einquartierungen in der ersten Hälfte das Jahres 1622 nichts Gesichertes bekannt.

So bleibt auch hierbei nichts anderes übrig, als anhand der wenigen Fakten Rückschlüsse auf die größtmögliche Wahrscheinlichkeit zu ziehen.

Der Heerführer

Vorgehen und Verhalten des Heerführers galten hinsichtlich der Behandlung der einheimischen Bevölkerung als Maßstab für die ihm folgenden Söldner.

Christian, der sich bereits 1619 die ersten Sporen als Reiterführer verdient hatte, machte sich schnell einen Namen als unorthodoxer Stratege und nur schwer zu berechnender Taktiker. Wegen seines schnellen und agilen Vorgehens bei militärischen Zügen und in der Schlacht überraschte er häufig nicht nur seine Gegner, auch verbündete Führer gerieten zuweilen in Bedrängnis, da sich der ungestüme Welfe nicht sonderlich um jene starren Regeln der „spanische Schule" scherte, die als das Modernste galten, was damalige Kriegskunst anbetraf.[45]

Der Geschichtsschreibung hingegen ist er in Erinnerung geblieben ist der Räuber der Reliquien des Heiligen Liborius. Das Einschmelzen des Heiligenschreins als auch die verwirrende Tatsache, aus dem Gold des Schreins profane Münzen geschlagen zu haben, hat man ihm nicht verziehen, schon gar nicht die kaiserlich-katholische Partei, und so gilt er bis heute vielen zuerst als der *tollwütige* Christian.[46]

Wie oben beschrieben, fanden sich Soldnehmer aus vielerlei Ländern beim Braunschweiger ein, um ihm in den bevorstehenden Kampf um die Pfalz zu folgen. Sie sahen in ihm einen tollkühnen Helden, der sich immerhin persönlich einwandfrei verhielt, was ihnen als Vorbild erschienen sein muss. Seine hochmögende Geburt und Jugend prädestinierten ihn indes zu diversen ausufernden Handlungen, die man ihm schnell übelnahm. Ganz besonders, wenn seine Vorgehensweise eins ums andere Mal nur schwerlich nachvollziehbar war. Das irritierte zwar den militärischen Gegner, nur leider manchmal auch die eigene Partei.

Als „toller Christian" tituliert zu werden resultiert nicht aus dem Sakrileg des Diebstahls der Libori-Reliquien, den Beinamen hatte er schon in den Monaten zuvor erhalten. Es deutet aber darauf hin, dass die Zeitgenossen bereits vor seinem Heerzug 1621/22 in ihm einen „bunten Hund" erkennen konnten, und zwar sowohl Freund wie auch Feind: auffällig ist, wie oft Christian als einziger ein geschecktes Pferd reitend dargestellt wurde.[47] Kurz: er war auffällig.

Als einen Ausdruck dessen werden die an ihren Rändern angesengten Brandbriefe des Herzogs erachtet, doch sind diese eher als Einschüchterungsversuche zu werten (wenn nicht auch hier wieder als eine der zahlreichen Legenden), nicht aber als kapitale Drohungen, denn Klappern gehörte auch damals schon zum Geschäft: während Christian noch Warburg belagert, verhandelt er mit den Paderborner Räten und fordert eine Summe von 145.000 Talern. Am Ende einigte er sich mit den Warburger Unterhändlern auf 20.000 Taler, gerade mal etwas mehr als ein Siebtel seiner Erstforderung! Das ist ein Indiz dafür, dass es Christian freilich um Geld ging, aber eben nur ums Geld. Zusätzlich fielen ihm noch die Zahlungen der Paderborner Jesuiten in Höhe von 10.000 Talern zu, zusätzlich der Abfindungssummen, die die einzelnen Städte und Dörfer aufzubringen hatten, wollten sie nicht niedergebrannt werden.[48]

Dieses Vorgehen wird von allen Rezensenten zwar zu Recht aufs Schärfste verurteilt, hingegen vergessen die meisten Autoren gern bei ihrer Analyse, dass zu keiner Zeit von dem berichtet wird, was die Zeitgenossen als normal oder alltäglich ansehen. So auch in diesem Fall: für die moderne Forschung benennt der Walter Krüssmann diesen Umstand in seiner Biografie über Ernst von Mansfeld folgerichtig so:

> „Während bei den Klagen auch nicht das geringste ausgelassen wird, findet anständiges Verhalten, das es ebenso gab, nur selten Erwähnung".[49]

Auch wäre es falsch, in sittlichem Vergehen oder kriegsrechtlichen Übergriffen eine typisch braunschweigische Angelegenheit sehen zu wollen, wie das selbst moderne Rezensenten noch zuweilen andeuten.

Folglich ist für die Willebadessener Besatzung nicht anzunehmen, dass sich die Truppen in einer anderen Weise verhielten als es der sie führende Generalissimus tat. Oder sollte der Braunschweiger einfach nur verschlagen genug gewesen sein, eine Rolle zu spielen? Das läßt sich am Hergang des Einfalls ins Stift Paderborn erleuchten.

Die Aussage zum Grund für Christians Einfall ins Fürstbistum Paderborn ist in der Forschung reichlich ungenau geblieben. Die Mehrzahl der Autoren geht davon aus, er habe den Paderborner Domschatz gezielt an sich bringen wollen. Doch der wahre Grund ist viel profaner gewesen: Christian, der aus der mittelhessischen Wetterau von gegnerischen Regimentern des ligistischen Generals Bronckhorst-Battenburg, dem sogenannten „Grafen Anholt", abgedrängt worden war und vorerst keine weitere Möglichkeit zum Durchbruch nach Heidelberg sah, war schlicht gezwungen zurückzuweichen und nördlich seiner Position ein Winterquartier für seine Armee und die mitgeführten Regimenter Mansfelds und Durlachs zu finden. Die Landgrafschaft Hessen-Kassel sah er als Verbündeten im Kampf gegen den Kaiser an, sie kam nicht in Frage. Rechts der Weser wäre er zu sehr abgedrängt worden, und so bot sich das Fürstbistum Paderborn an, das keinen örtlichen Regenten an der Spitze hatte und nur äußerst spärlich durch kurkölnische Schutztruppen geschützt wurde. Die Besetzung Paderborns war somit aus militärischer Sicht und unter diesen Umständen geradezu ein Muss wie gleichfalls auch ein Geschenk für Christian.

Es wird in der Literatur oft unerwähnt gelassen, aus welchem Grund sich der junge Herzog von Braunschweig nach seiner Schlappe bei Kirtorf bald aufzuführen begann wie ein Truppenführer. Beim unscheinbaren oberhessischen Ort Kirtorf hatte er sich ein Scharmützel mit Anholt'schen Söldnern erlaubt, was nicht nur den Verlust seiner Operationsbasis in Amöneburg, sondern auch ganz Mittelhessens zur Folge hatte. Hier aber hatte er den Winter erwarten wollen. Bislang hatte er neben Ernst von Mansfeld als dessen Reiterführer agiert, doch das Abdrängen seines Einflusses durch Truppen des „Grafen Anholt" und das damit verbundene Abschneiden des Braunschweigers von seinem Befehlshaber Mansfeld, machte Christian schlagartig zum eigenständig agierenden Heerführer. Für diesen Fall hatte er Instruktionen im Gepäck.[50] Mit anderen Worten: der Einfall und die Okkupation des Paderborner Landes waren nicht die willkürliche Idee eines jungen, raufboldhaften Herzogs, sondern der taktische Notfallplan der pfälzischen Kriegspartei in Den Haag.

So lässt sich bisher zusammenfassen: Herzog Christian von Braunschweig zog von Süden aus dem Hessischen heran mit der Absicht, im Stift Paderborn zu überwintern. Dazu musste er strategisch wichtige Befestigungen nehmen und halten: Warburg im Süden des Stiftes, Paderborn selbst als auch die wichtigen Städte am Hellweg (Salzkotten, Geseke, Erwitte und Soest),[51] damit er sich ins westliche Westfalen ausbreiten konnte, gleichzeitig aber der die Weser heraufkommende Nachschub aus den Niederlanden über Höxter, Brakel und

Driburg bis nach Paderborn und weiter westlich gesichert blieb. Da westlich von Soest die Gegner standen, dürfte das Oberwälder Land als ruhig gegolten haben. Somit war es nur folgerichtig, hierhin im Raum um die Achse Peckelsheim bis Borgentreich die Quartiere der Werbeplätze zu verlegen.

Mit der Lokalisation der Werber im Oberwälder Land waren die aufzustellenden Regimenter gut über die damaligen Straßen, fernab des Kampfes, zu erreichen. Wer aus dem Norden kam, konnte schnell auf Brakel ziehen, ebenso alle Werbewilligen aus dem Süden, die gut bis nach Warburg gelangen konnten. Weitaus wichtiger scheint indes der freie Zugang zur Weser gewesen zu sein. Jenseits der Weser war bereits braunschweigisches Gebiet, Christian durfte auf Soldnehmer aus heimatlichen Gefilden hoffen, ungeachtet all jener, die per Schiff die alte Heerstraße der Weser herauf oder herab kamen.

Christians Truppen wuchsen stetig an. Nicht nur östlich der Egge ließen sich die Söldner anwerben, es kamen auch 1000 Mann des für Mansfeld geworbenen Regiments Semling durch Braunschweigisches Land auf das Stift zu, um mit Christian in den kommenden Monaten gen Süden zu ziehen.[52] Und auch sie dürften eine weitere, nicht unbedeutende Belastung für die Bevölkerung gewesen sein.

Die Situation in Willebadessen

Davon ausgehend, dass die im Jahr 1631 erfolgte Invasion hessischer Regimenter, die auf schwedischer Seite in den Krieg eingetreten waren, das meiste an Urkunden und Quellen zum Wirtschaftsbetrieb des Klosters Willebadessen vernichtet haben dürften (ebenso wie vermutlich auch die Wirrnisse des Siebenjährigen Krieges und erst recht die Auflösung des Klosters im Jahre 1810), läßt sich heute noch das Kreditgeschäft als eine bedeutende fiskalische Einnahmequelle ausmachen. Dies scheint dem Kloster bereits ab dem 14. Jahrhundert einen ausreichend hohes Vermögen und Auskommen ermöglicht zu haben. Zumindest für die erste Hälfte des 16. Jahrhunderts kann das Rentengeschäft als bis zu einem Drittel des Gesamteinkommens ausgewiesen werden. Dies Geschäft hatte man bereits so weit gebracht, dass Städte wie Minden und Hofgeismar beim Kloster in der Pflicht standen. Hingegen wird eine Einbuße der Wirtschaftskraft gegen Ende des 16. Jahrhunderts vermutet.[53] Etwa um das Jahr 1600 herum dürfte es in Willebadessen wie auch im restlichen Fürstbistum Paderborn eine gewisse Zeit der Instabilität gegenüber den vorausgegangenen Dekaden gegeben haben, in der das Leben in und um das Kloster unruhig verlief, als sich auch im Paderborner Umland Tendenzen zu einer Konversion zum neuen Glauben Luthers regten. Aus dem Jahr 1604 ist ein Exorzismus bekannt, was auf eine allgemeine mentale Unsicherheit der Bevölkerung hinweist.[54] Es ist das Jahr, in dem der „Kampf um Paderborn" niedergeschlagen wurde.

Der Klosterbesitz an Grund und Boden erstreckte sich bis dato nicht nur in und um die Stadt Willebadessen, sondern reichte südlich bis in die Warburger Börde und darüber hinaus bis nach Welda. Nördlich bis in die Nähe Nieheims, östlich bis in die Umgebung von Brakel und westlich bis nach Salzkotten. Daneben hatte das Kloster reichen Waldbesitz in der Egge.[55]

Die Gebäude des Klosters, so wie wir sie in ihrem heutigen Zustand sehen, waren bis auf die Kirche noch nicht erbaut. Der Umfang des Klosters, seine Wohn- und Wirtschaftsgebäude dürften reichlich nüchterner erschienen sein als jene barocken Mauern,[56] die noch heute von Tagen einstiger Herrlichkeit zeugen. Alles in Allem dürfte der Klosterbezirk also deutlich weniger Pracht aufgewiesen haben, als der Dreißigjährige Krieg begann. Demnach wäre zu vermuten, dass das Kloster zu diesem Zeitpunkt durchaus gut aufgestellt und liquide gewesen sein dürfte, und dass, wie im Benediktinerorden seit jeher üblich, die Gütergemeinschaft der Mitglieder des Klosters eine entsprechend ausreichende Versorgung mit Lebensmitteln und allem Notwendigen sichergestellt war.

Bis auf die Klosterkirche, die heutige Pfarrkirche, die ihrerseits ein anderes Aussehen gehabt hatte, sind sämtliche heute noch erhaltenen Gebäude erst nach 1688 erbaut worden.[57] Auf dem gut dreiundzwanzig Jahre zuvor entstandenen Gemälde des Carl Fabricius von 1665 stellt sich der Klosterbezirk als räumlich enger und mit einigen Wohnhäusern als auch niedrigeren Werkstätten, Stallungen und Speichern bebauter Bereich dar. Deutlich zu erkennen ist der Chor der Klosterkirche und die Doppelmauer der südlichen Klosterseite.

Der Eindruck entsteht hier, als habe das Kloster entgegen den allgemeinen Annahmen doch recht erfolgreich einen Weg durch die Wirren des Krieges finden können. Sofern die Bauten des Klosters in Mitleidenschaft gezogen und wieder aufgebaut worden waren, ist das auf dem Bild von Fabricius nicht auszumachen.

Um weiterhin abschätzen zu können, was im Winter 1621/22 in Willebadessen geschah, ist es nützlich auf die benachbarten Klöster zu schauen. Als die Braunschweiger Regimenter kurz vor Silvester 1621 mit der Belagerung Warburgs begannen, geriet das Zisterzienserinnenkloster Wormeln zwischen die Fronten und wurde soweit zerstört, dass die Nonnen dort nicht weiterhin bleiben konnten.[58] Hinsichtlich der Verfahrensweise mit anderen Klöstern im Stift darf dies aber nicht als maßgebend erachtet werden, denn Wormeln lag unglücklicherweise im Belagerungsring der Braunschweiger und wurde nicht aus Kriegslust oder Schändlichkeit zerstört.

Das Stift Neuenheerse hatte das Bargeld der Äbtissin fortgeschafft, doch wurde dieses Geld in Soest aufgefunden und zusammen mit dem ebenfalls dort aufgefundenen Paderborner Domschatz requiriert.[59] Aus dem Kloster Marienmünster, das die Geistlichen für den Nonnenkonvent Willebadessens stellte und daher in direktem Kontakt mit dem Willebadessener Kloster stand, ist für 1621 eine Plünderung des Archivs überliefert, die namentlich *„Christian von Braunschweig und sein Gesindel"* nennt.[60] Des Weiteren darf zumindest von der Plünderung der Klöster Marienmünster, Brenkhausen, Gehrden, Hardehausen, Dalheim, Böddeken und Holthausen ausgegangen werden. Bei all diesen Orten wäre es schon sehr verwunderlich, würde Willebadessen eine Ausnahme dargestellt haben. Aber wurde Willebadessen tatsächlich geplündert?

Was den Zustand des hiesigen Klosters und seiner Mitglieder anbelangt, können erneut nur Vermutungen angestellt werden. Die Visitation des Klosters durch Bischof Dietrich Adolf im Jahre 1655 ergab, dass alle für ein geistliches Leben erforderlichen Utensilien und heiligen Gerätschaften vorhanden und in Ordnung waren.[61] Das ist erstaunlich, nachdem doch Stadt und Kloster zuerst 1622 durch Christians Truppen, 1626 durch kaiserliche und 1631 schließlich ein drittes Mal[62] durch hessische Söldner besetzt worden waren, wobei in letzterem Fall tatsächlich so übel gehaust wurde, dass dabei eine Nonne und zwei Laienschwestern ihr Leben ließen.[63] Offenbar hatte es unter der Braunschweiger Okkupation noch keine solchen Vorgänge gegeben.

Interessant aber ist aber nun die befohlene Unterbringung von 22 kaiserlichen *„artellerei pferd"*, Zugpferden für Kartaunen demnach, die im Jahre 1626 aus dem Tilly'schen Heer zur Unterbringung für Willebadessen vorgesehen wurden. Aus dem entsprechenden Papier geht zudem hervor, dass Warburg 102 Pferde aufzunehmen hatte, Brakel 81 Pferde, Peckelsheim

50 Pferde, Gehrden 20 Pferde, Dringenberg 18 Pferde und Kleinenberg 14 Pferde.[64] Was es mit Borlinghausen und Löwen auf sich hatte, darauf wird im Folgenden noch einzugehen sein.

Da sich damals wie heute alle Armeestäbe mit der planmäßigen Verteilung der Truppen auf die umliegenden Ortschaften beschäftigen mussten, lassen sich hier von den kaiserlichen Planern des Jahres 1626 Parallelen zu den Einquartierungen vier Jahre zuvor und somit Rückschlüsse auf die Situation in Willebadessen 1622 ziehen, wobei angenommen werden kann, dass der Ort wegen seiner unveränderten Ausgangslage ähnlich geartete Einquartierungen zu bewerkstelligen haben musste: was Willebadessen 1626 unter dem katholischen Tilly aufzunehmen hatte wird in etwa dem gleichgestellt werden können, was es 1622 unter dem calvinistischen Christian aufnehmen musste. Die Frage lautet: was und wie viele Menschen konnte Willebadessen zusätzlich beherbergen?

Eine Herde von 22 Pferden, wie Tilly sie in Willebadessen unterbrachte, ist nicht groß, besonders wenn Peckelsheim, Brakel und erst recht Warburg zum Vergleich herangezogen werden. Es handelt sich allerdings auch um jene Ortschaften, die an der Achse Warburg-Peckelsheim-Brakel-Steinheim lagen und so Garant waren für eine etwaige schnelle Abberufung der Söldner mitsamt ihrer Eisenrohre. Vergleichsweise fernab der Nord-Süd-Tangente von Steinheim nach Warburg liegt Willebadessen deutlich im Hinterland. Und dennoch dürfte es sich trotz der im Vergleich eher geringen Anzahl an Pferden noch um eine bedeutende Menge Personen gehandelt haben, die der Ort aufzunehmen hatte.

Nun lassen 22 Artilleriepferde aber eine Berechnung der vermutlichen Masse an Menschen zu: eine Kartaune mittlerer Größe hatte ein Gewicht von 1,5 bis 2 Tonnen und musste von 8 bis 12 Pferden gezogen werden, woraus sich ergibt, dass es zwei oder drei Kartaunen waren, die Willebadessen aufzunehmen hatte. Eine einzelne Kartaune erforderte eine Mannschaft von mindestens 18 Mann (Bediener, Männer der begleitenden Pulverwagen und Pferdeknechte), sodass im Fall der Tilly'schen Einquartierung im Jahr 1626 von einer geschätzten Anzahl von 54 Söldnern auszugehen ist.

Da fast jedem Söldner eine Ehefrau zur Seite stand, mitsamt der gemeinsamen Kinder und obendrein noch die Mägde, Marketender und den weiteren dienstbaren Geistern, die jedem frühneuzeitlichem Heer nachfolgten, hinzugerechnet werden müssen, ist für Willebadessen eine Anzahl von annähernd 300 Personen anzusetzen, die unter Tilly einquartiert wurden. Die tatsächliche Summe aller ortsfremden Menschen dürfte jedoch weitaus höher gewesen sein, vielleicht noch einmal um die Hälfte mehr, bestehend aus vielerlei Knechten und Mägden, freien Händlern samt eigenen Familien und allerlei fahrendes Volk fast jeden Alters.

Daher kann ist anzunehmen, dass vier Jahre zuvor die geworbenen Mansfelder und Durlacher Söldner, samt der sie begleitenden Bagage, in gleicher Stärke in Willebadessen einquartiert worden waren: annähernd 450 Fremde.

Oft genug mussten Bauernfamilien, Knechte und Tagelöhner zusammen die Wohnstatt teilen, wenn sich raubende Soldateska einnistete. In den Katen und Häusern wird es nicht nur allzu eng geworden sein, auch wurden sofort alle Vorräte knapp, denn man hatte den Soldaten des Feldherrn *Servis* zu geben: Unterkunft, Feuer- und Kochstelle als auch Salz, Bier und Bewirtung sowie Heu und Hafer für die Reit- oder Zugtiere waren bereit zu stellen. Und wenn ein Söldner nicht den gewünschten Platz für sich und seine Familie bekam, wird er sich mit handfesten oder auch eisernen Argumenten zu helfen gewusst haben.

Man wird sich kaum die drangvolle Enge, in der die Hausbewohner mit den Fremden wochenlang oder ganze Monate zu hausen hatten, vorstellen können. Unter solchen Bedingungen sind selbst die Bediener und Mannschaften von lediglich drei Kartaunen zu viel. Bei Übergriffen oder auch drastischen Verfehlungen gegenüber der Bürgerschaft konnte aber immerhin Beschwerde beim Paderborner Rat eingelegt werden.[65]

Hinsichtlich der Enge und der mangelnden Hygiene sei auf das Wetter verwiesen, dass einen weiteren Hinweis darauf erlaubt, wie es in jenem Winter 1621/22 zugegangen sein mag. Die betreffenden Jahre fallen in den Zeitraum der so genannten „Kleinen Eiszeit", die allgemein relativ niedrige Temperaturen kennzeichnen und die grob gefasst zwischen dem 15. und 19. Jahrhundert angesetzt wird. Ab 1570 gingen die Temperaturen stetig zurück und gelten als Grund für vermehrt auftretende Stürme, Missernten und Hungersnöte der Jahre um die Jahrhundertwende 1600.

Der hessische Forscher Gottfried Lammert hat gegen Ende des 19. Jahrhunderts in mühevoller Kleinstarbeit die Berichte und Beschreibungen der betreffenden Jahre zusammengetragen. Seine Erläuterungen fußen meist auf späteren Schilderungen. Um aber das Wetter genauer erfassen zu können, verfiel Lammert auf die Idee, sich auch den Beschreibungen der Jahrgänge der Weine zuzuwenden. So läßt sich aus seiner Untersuchung herauslesen, welche Wetterbedingungen in den betreffenden Jahren herrschten:

> „1618. Einem eiskalten Wetter folgte am 29. Januar grosse Wassernoth an allen Flussgeländen. Auch Ende Mai war der Rhein so gross, dass er in Basel das Fundament des Rheinthores erschütterte; der Juni brachte ungestüme Witterung mit Regen und Ueberschwemmungen; am 8. Juni fiel bei Basel Schnee; doch war das Jahr fruchtbar an Getreide, Küchengewächsen, Obst und Wein; letzterer war von mittlerer Güte.

Der in der letzten Woche des November erschienene Komet[66] galt als Verkünder von Krieg und Unglück;

1619. Nach einem kalten Winter folgte schädlicher Frühlingsfrost, im Sommer 7 Wochen andauernde Hitze; wegen nasser Ernte (in Franken) wuchs das Korn stark aus; doch war es ein ziemliches Fruchtjahr; bei vorherrschend rauher Witterung wuchs wenig Wein von mittlerer Güte;

1620. Der Winter war kalt, der Frühling glimpflich bis 2. Juni, worauf 80tägiger Regen folgte; der Sommer brachte Hagel und viele Unwetter; die Getreideernte war gut; in Franken wuchs viel und schlechter Wein, in der Pfalz wenig Wein von mittlerer Güte;

1621. Sehr kalter Winter; vom 19. Januar an heftige Kälte 4 Wochen lang, im Juni schädliches Hagelwetter, ziemlich fruchtbares Jahr, Wein wenig und sauer; ein Scheffel Korn galt 12-13 fl.[67] und stieg täglich höher wegen des schlechten Geldes; der Reichsthaler galt 8 bis 10 fl.

1622. Der Winter stellte sich frühzeitig mit grosser Kälte ein, die sich im Januar ausserordentlich steigert; haushoher Schnee, der nach dem Schmelzen unberechenbaren Schaden brachte. Der Weinstock erfror um Lichtmess, die Blüthe litt um Johanni durch Regen, das Getreide durch Mehltau. Wenig Wein und sauer. In ganz Deutschland herrschte in Folge des schlechten Münzwesens und der Truppenzüge furchtbare Theuerung und in vielen Gegenden, so in Dingolfing, grosse Hungersnoth. Die Lebensmittelpreise erreichten die vierfache Höhe".[68]

Nach Lammert waren dem Jahr 1622 zwei allgemein „ziemlich fruchtbare Jahre" vorausgegangen, daher ist die Annahme berechtigt, dass selbst trotz Münzentwertung die Geschäfte im Vergleich gut abgeschlossen wurden. Man darf ebenso annehmen, dass die Willebadesser Kornspeicher zumindest nicht beklagenswert leer gewesen sein dürften. Weiterhin nennt Lammert für Frankfurt am Main „um Pfingsten [...] heiss Wetter" (15. Mai 1622. d. Verf.).

Ausgehend von einer Hochwetterlage gegen Mitte Mai, dürfte sich das Leben in Willebadessen nicht einfach abgespielt haben bei einer Besatzung von den oben anberaumten ca. 450 Fremden im Ort. Sofern es sich bei dieser räumlichen Enge auch noch um ein vorausgegangenes oder nach Pfingsten erfolgtes Feuchtwetter relativer Wärme gehandelt haben sollte, waren Krankheiten und vielleicht gar Seuchen das Resultat.

Löwen und Borlinghausen

Ab dem 24. Januar 1622 wurde das bis dahin unbelastete Gebiet östlich der Egge durch Regimenter des Herzogs eingenommen und okkupiert. Driburg, Brakel, Borgentreich, aber auch „feste Dörfer" wie Peckelsheim, Dringenberg und Borgholz wurden nun besetzt und mit Einquartierungen belegt.[69] Warburg wurde schließlich von Truppen des Mansfeldischen Haudegens Joachim von Carpzow besetzt, dessen bereits kampferfahrenes Regiment in den an der Landstraße entlangliegenden Dörfern bis nach Peckelsheim einquartiert wurde. Um Brakel sammelte sich das werbende Regiment Fleckenstein samt zwei Kompanien Reiter für Magnus von Württemberg.[70]

Es ist anzunehmen, dass Willebadessen mit Carpzower Söldnern belegt war, da der Ort aufgrund der damaligen Infrastrukturen eher aus Peckelsheim denn aus Brakel zu erreichen war. Das wenige Kilometer nördlich gelegene Stift Neuenheerse und das weiter nordöstlich gelegene Kloster Gehrden rechneten schon zu Driburg bzw. zu Brakel, die beide samt der sie umliegenden Ortschaften ebenfalls mit Söldnern belegt angenommen werden können, weil sie als Werbeplätze für die Regimenter Fleckenstein und Württemberg dienten.

Wie aber sah es am nordwestlichsten Rand des Bördelandes,

westlich um Peckelsheim aus? Hier kann man sich erneut nur anhand von Indizien den historischen Gegebenheiten annähern. Ein Hinweis findet sich beim Borlinghausener Heimatforscher Fritz Lippert:

> „Der ‚Tolle Christian' wird vielleicht Borlinghausen nicht so drangsaliert haben, wie es in anderen Gegenden unseres Kreises geschah, da der damalige Gutsherr von Borlinghausen mit ihm sympathisierte. Danach aber kamen alle Schrecken eines erbarmungslosen Krieges auch über unser Dorf".[71]

Und weiter:

> „Nach Werners [von Spiegels] Tode erbte sein noch unmündiger Sohn Johann den väterlichen Besitz. Er nahm an mehreren Fehden teil; in der Opposition gegen Bischof Dietrich war er einer der führenden Personen. Als Herzog Christian von Braunschweig ins Hochstift einfiel, stand er im dringenden Verdacht, es mit diesem zu halten und ihn zu unterstützen. Darob angeklagt, konnte man ihm aber später nichts Strafbares nachweisen. 1637 starb Johann von Spiegel".[72]

Lippert belegt seine Andeutung leider nicht mit Quellenangaben, doch muss seiner Aussage Aufmerksamkeit geschenkt werden. Denn die (wenn auch nicht persönliche) Bekanntschaft des damaligen Herren in Borlinghausen, Johann von Spiegel, mit dem jungen Herzog ist sehr wahrscheinlich.

Schon im August 1607 hatte sich Johann von Spiegel auf Seiten seines Schwiegervaters an einer zunächst gerichtlich, später auch militärisch geführten Auseinandersetzung gegen den Kurfürst von Mainz angeschlossen. In deren Verlauf kam es zur Anrufung des Reichkammergerichts und zu ersten handfesten und unschönen Fehdehandlungen gegen Dörfer nördlich Göttingens. Gleichzeitig hatte er sich zusammen mit seinem Schwiegervater Hardenberg und ihrem weiteren Mitstreiter Marenholz dem Schutz dem damaligen regierenden Herzog von Braunschweig, Heinrich Julius (Christians Vater) unterstellt.[73]

Darüber hinaus war Johanns Bruder Arndt seit Juni 1596 Mitglied des Domkapitels zu Halberstadt,[74] dem Christian als gewählter Bischof ab 1617 vorstand.[75]

Obendrein waren die beiden Brüder von Spiegel keine Katholiken seit ihr Vater Werner von Spiegel „zur Lehre Luthers" übergetreten war und man in der Schloß- und Gutskapelle evangelische Gottesdienste abhielt.[76]

Zum anderen dürfte Johanns Opposition[77] gegen den Landesherrn Dietrich von Fürstenberg (1546-1618) aus den gleichen Urgründen motiviert gewesen sein, wie jene des Herzogs Christian gegen den Habsburger Kaiser: beide wollten sich nicht in ihren Privilegien und Rechten von höherer Seite beeinträchtigen lassen.

Johann hatte den Titel des Paderborner Erbmarschalls von seinem Vater geerbt, weswegen er *„einen stattlichen Besitz in seiner Hand"* vereinte[78] und war somit eine ernstzunehmende Größe in den inneren Angelegenheiten der Paderborner Stiftspolitik, der man Gehör schenken musste.

Daher verwundert es nicht, dass Christian Ende 1621 Schutzbriefe *„zu Gunsten der Häuser, Schlösser und Dörfer und angehörigen Leute der sämtlichen Gebrüder Spiegel"* ausstellen[79] und diese somit ungeschoren ließ: keine Kontributionsforderungen und womöglich auch keine belastenden Einquartierungen von Söldnern. Das schloss vermutlich auch den Kreis um Helmern, Schweckhausen und ganz sicher auch Löwen mit ein, denn derer von Spiegel zu Peckelsheim hatten enge, verwandtschaftliche Bande dorthin. Nicht zuletzt ihre Spiegelsche Grabkapelle findet sich noch heute dort.[80]

Lippert erwähnt ganz richtig, dass erst nach dem Einfall Christians ins Stift Paderborn *„alle Schrecken"* über Borlinghausen hereinbrachen. Da er hier nicht mehr die Braunschweiger meinen kann, wird er auf die folgenden Jahre, besonders jene nach 1631 abspielen, als Hessische Regimenter das Land besetzten. Demnach wäre davon auszugehen, dass die Braunschweiger südlich Willebadessens nichts unternahmen, was schändlich zu nennen gewesen wäre.

Im Gegensatz dazu ist die Plünderung des Damenstifts Neuenheerse überliefert. Der einstige Pfarrer in Neuenheerse, Anton Gemmecke, zitiert aus der Stiftsrechnung des Klosters vom *„Halberstädtischen Überzug"*, womit die *„Ausplünderung des Korns von dem Halberstettischen Kriegsvolk"* gemeint ist, als für das Wirtschaftsjahr 1621/22 die Menge von 1242 Scheffel,[81] bestehend aus Roggen, Gerste, Hafer und Weizen im Gesamtwert von über 569 Talern aufgerechnet werden konnte.[82] Hingegen unterlässt es auch Gemmecke nicht, seinen Lesern den nur allzu bekannten Wink über Herzog Christian mitzugeben: so faßt er die zuerst allgemein bekannten Ereignisse für das Umland ab Dezember 1621 zusammen, schreibt von Räubern, die *„nahmen, was ihnen gefiel, zerschlugen und zerstörten, was ihnen beliebte, die Häuser anzündeten und die Bewohner mißhandelten"*.[83] Doch zielt diese Schilderung auf die Vorgänge in der Warburger Börde, Gemmecke läßt es hingegen so erscheinen, als hätten auch Neuenheerses Einwohner nachweislich unmenschlich gelitten. Zuletzt aber relativiert er dann doch seine Aussage, wenn er eingestehen muss:

> „Welche Einbußen und welche Behandlung die Stiftspersonen erlitten, erfahren wir natürlich aus der Stiftsrechnung nicht".[84]

Es ist Anton Gemmecke freilich nicht anzulasten, dass er im Sinne seiner Überzeugung schrieb und sich hierbei auch der Argumente und Überlieferungen erinnerte, die als bekannt und bewiesen galten. Seine Art zu argumentieren ist hingegen klassisch: man kolportiert die Kriegshandlungen der Umgegend, in diesem Fall Warburgs Belagerung, und erweckt so ein Bild, das dem Leser noch vor Augen steht, wenn es zur eigentlichen Aussage kommt.

Nichtsdestotrotz verdanken wir Gemmecke den Nachweis für den Grund der Plünderung. Es war das Getreide, das man requirierte,[85] von anderen Utensilien aber schweigt der Autor, wohl weil auch ihm nichts Weiteres bekannt ist. Offenbar geben Gemmeckes Quellen nichts Weiteres an als das Getreide, denn wenn Hausrat, ganze Schätze oder gar heiliges Altargerät fortgetragen worden wären, hätte der Autor das sicher zur Untermauerung der Verwerflichkeit des Braunschweiger Herzogs herangezogen und vor seinen Lesern ausgebreitet. Im Übrigen wird diesbezüglich keine Hungersnot in Neuenheerse genannt. Ganz im Gegenteil handeln die die Stiftsdamen bereits im folgenden Jahr wieder mit Getreide, verkaufen gar dem ligistischen General Tilly 20 Scheffel Roggen und senden ihm noch einmal im Oktober Bier nach Höxter.[86]

Das Vorgehen der Braunschweigisch-Mansfeldisch-Durlacher Regimenter im besetzten Hinterland, ganz anders als die kolportierten Legenden, läßt vermuten, wie sich die Söldner in Willebadessen betragen haben mögen. Aufgrund des sicher erbärmlichen Zustands der Männer, die selbst kaum mehr besaßen als das Hab und Gut, das im Tross bei ihren mitreisenden Familienmitgliedern in Gewahrsam wussten, werden auch sie in diesem kalten Winter ihr Augenmerk hautsächlich auf Brot und einen warmen Ofen gelegt haben.

Für Willebadessen ist aufgrund der Quellenlage kein klarer Hinweis auf eine Plünderung oder im Gegensatz dazu auf ein Verschonen von Kloster und Stadt auszumachen. Was sich im Nethetal zwischen Neuenheerse und Borlinghausen abspielte und wie man sich hier verhielt, ist kaum nachzuweisen und bleibt daher vorerst im Dunkeln.

Ein Schuldschein

Doch im Pfarrarchiv der Gemeinde St. Vitus findet sich ein aufschlussreiches Dokument. Dabei handelt es sich um die Abschrift eines Schuldscheins, der 1624 ausgestellt wurde und dessen Belegnotiz erhalten ist.[87]

> „Capital Ehrnte so der Kirchen zu Will badeßen ihrtlichs zustendig seie. In Ano 1624 12. 8bris, haben Tempelieres alß Johan Von Vusße und Wigandt Voegen de annus 1621, 1622 Und [1]623 moluhiue rechnung uber Innahme Und Außgabe ubergeben coram venerabili Dna, Consulibus & toto magistratu in Wilbadessen, Und ist befunden daß die Tempelierer cloducte cleducendis[?] schuldig Pleiben – 36 thlr 31 [Pfennige?] In Urkundt der Warheit ist diese rechnugh Von derurten Kirchhern, mit eigener Handt Underschrieben"

Geldertrag, der der Kirche zu Willebadessen ehrlich zusteht. Am 12. Oktober 1624 haben die Geistlichen Johann von Vusße und Wiegandt Voegen für die Jahre 1621, 1622 und 1623 die Rechnung über Einnahmen und Ausgaben der anwesenden, ehrwürdigen Äbtissin, den Vertretern und dem ganzen Magistrat Willebadessens übergeben. Es wurde festgestellt, dass die Geistlichen 36 Taler und 31 Pfennige schuldig bleiben. Von den genannten Geistlichen eigenhändig unterschrieben.

Aus dieser Quelle geht nicht nur hervor, dass das Kloster zumindest 1621 Geld an zwei Geistliche verliehen hat, es arbeitete in Geldgeschäften auch mit dem Magistrat zusammen. Darüber hinaus gibt die Notiz Auskunft darüber, dass selbst nach drei Jahren die Schuld der beiden Geistlichen nicht eingefordert, sondern lediglich weiterhin festgeschrieben wurde. Als ökonomischer Verwaltungsvorgang ist das logisch. Doch der

Geldbetrag wurde bislang nicht fällig, auch im Jahr der Ausstellung nicht. Scheinbar konnte man auf das Geld nicht verzichten, muss es aber auch nach drei Jahren noch nicht einfordern. Und das, obwohl es kein Zinsgeschäft war.

Den Münzwert der verliehenen 36 Taler zu ermitteln ist kaum möglich. Er dürfte sich jedoch beziffern lassen mit dem Siebenfachen des Monatsgehalts eines wie gleichfalls dem Neunfachem eines Söldners resp. dem Zwölffachen eines Handwerkers. Das ist zwar kein Vermögen, aber doch eine nennenswerte Summe, die, wäre sie während der Okkupation 1622 vorhanden gewesen, ganz sicher durch braunschweigische Zahlmeister in Geldforderungen aufsummiert worden wäre.

Die Summe ist bereits 1621 und offenbar gemeinsam durch Kloster und Magistrat aufgebracht worden, die Hintergründe sind leider nicht klar herauszuarbeiten. Es dürfte sich aber dennoch um eine Summe von solcher Höhe gehandelt haben, wie sie nicht allein vom Kloster aufzubringen war, weswegen der Stadtrat mithinzugezogen wurde.

Keinesfalls aber können dies Geldleistungen an den Herzog für etwaige Schutzbriefe gewesen sein, denn das Braunschweiger Kontingent kam erst im Folgejahr an die Nethe.

Wir dürfen annehmen, dass die Gläubiger, auch ohne Zinsen zu erheben, weiterhin von einer gütlichen Rückgabe des Geldes ausgingen. Auch dürfen wir annehmen, das Geld war womöglich zur Okkupationszeit gar nicht greifbar, weswegen es nicht eingefordert werden konnte. Möglicherweise hielten sich die Schuldner gar nicht im Stift auf.

Sicher hingegen ist, selbst zwei Jahre nach der Besetzung des Stifts Paderborn kann für Willebadessen, ob Kloster oder Stadt, von Geldsorgen keine Rede sein. Man hatte es offenbar bis hierher nicht nötig gehabt, mehr als normale Umsätzen zu erwirtschaften. Für mehr gab es keine Notwendigkeit, denn offenbar bestanden im Jahr 1624 ausreichend Reserven. In diesem Fall dürfen wir annehmen, zwei Jahre zuvor hatte es für Willebadessen keine großen finanziellen Einbußen gegeben, wäre das erzwungene Kaufen von Schutzbriefen erforderlich gewesen.

Diese Zusammenhänge sind es schließlich, die die Überlegung in den Vordergrund rücken, Willebadessen wurde möglicherweise ebenso wie die südlichen Orte durch Schutzbriefe vom Herzog gedeckt.

Thesen

Kloster und mit ihm die Stadt Willebadessen scheinen nach Lage der Überlieferung zum Jahre 1622 zumindest zu einem gewissen Teil so viel Finanzkraft besessen zu haben, um sich Schutzbriefe aus eigenen Mitteln erkaufen zu können. Da es sich hierbei um die ersten Salvaguardien gehandelt haben dürfte, die dem Kloster im Laufe des Dreißigjährigen Krieges diktiert worden waren und das Kloster wahrscheinlich mit einer guten Ökonomie ausgestattet war, ist diese Annahme nicht abwegig. Dass dies nicht nur möglich war, sondern auch eingehalten wurde, gehörte in jenen ersten Jahren des Konflikts noch zum allgemein anerkannten Kriegsrecht und wurde noch fast allerseits respektiert. Das Beispiel der benachbarten Orte Borlinghausen und Löwen stellen hierfür den Beweis dar.

Gleichwohl kam Willebadessen sehr wahrscheinlich nicht umhin, Söldner, Pferde und Kriegsgerät zur Einquartierung über den Winter bis ins Frühjahr aufzunehmen, was für sich schon eine hinreichend große gesellschaftliche, wie auch soziale und mentale Belastung für die Bevölkerung des Dorfes gewesen sein dürfte. Man kann sich unschwer vorstellen, wie sich das erzwungene Zusammenleben mit allzu rauen, ungebundenen und unter Umständen auch vogelfreien Kerlen samt ihren Familien und Gefolgschaft, zumal aus aller Herren Länder mit allerlei Sprachen und Dialekten, gestaltet haben wird: es muss einiges zu Bruch gegangen sein, Häusliches wie auch Menschliches. Inwiefern die tägliche Arbeit unter der Besatzung gelitten hat, läßt sich nicht mehr bestimmen. Doch auch hier ist davon auszugehen, da es sich um die erste Einquartierungswelle handelte, werden die Benediktinerinnen, zusammen mit den sie begleitenden und beistehenden Priestern und Handwerken, Knechten, Mägden und Burschen als auch Bürgern der Stadt ein einvernehmliches Auskommen gefunden haben – freilich erst nachdem gewisse gegenseitige Behinderungen und Hürden überwunden worden waren. Alles andere hätte unweigerlich Eingang in die Überlieferung gefunden und wäre, wenn auch über Umwege, auf die Nachwelt gekommen.

Indes bot Willebadessen während der Okkupationszeit keinen Grund zu Übergriffen, Strafaktionen oder sonstigen Gewalthandlungen. Abseits der Heerstraße gelegen, lieferte die Bevölkerung dem Usurpator keinen Anlass zur Intervention: Christian von Braunschweig wird häufig verteufelt, doch wer sich ihm freiwillig unterwarf, durfte, jedenfalls in dieser frühen Phase seiner militärischen Führung, auf sein Wort zählen.[88] Die Vorgänge darf man sich als ebenso ungewöhnlich für die Bevölkerung wie gleichfalls als besonders bedrohlich vorstellen. Die außergewöhnlichen Zustände erforderten außergewöhnliches Handeln, und Willebadessen kam dieses Mal noch mit einem blauen Auge davon. Die späteren Jahre unter Hessischer Herrschaft sollten für   Willebadessen wie für das gesamte Paderborner Stiftsgebiet weitaus spannungs- und entbehrungsreicher werden.[89]

Und doch ist mit Sicherheit schon in den Monaten unter den Braunschweigern geplündert worden. Selbst das Kloster wird sich dem nicht widersetzt haben können, denn auch dieses Vorgehen zählte in jener Zeit zu den allseits als „normal" erachteten Handlungen eines Söldnerheeres in Feindesland. Allerdings hat der Begriff vom Plündern eine reichlich weite Bedeutungsspanne – niemand weiß mehr, was die Söldner tatsächlich entwendet haben, eingedenk dessen, dass bei der späteren Visitation alles für ein Kloster Notwendige wieder (oder noch immer) vorhanden war.

Hingegen kann vermutet werden, dass es unter den Braunschweigern nicht zu Brandschatzungen gekommen ist, denn auch ein solches Spektakel wäre überliefert und ohne jeden Zweifel in die Liste weiterer Beispiele vermeintlicher Untaten eingereiht worden.

Die Plünderung Neuenheerses ist verständlicher, betrachtet man die Beweggründe der Braunschweiger im Licht ihrer Zeit, die das freiweltliche Damenstift an der Nethequelle nach Auffindung der Barschaft der Abbatissa geradezu als reich einschätzen mussten und dieses noch weiter auszupressen gedachten.

Mitnichten hat sich hingegen Willebadessen eines Mobs aus Marodeuren und Landverderbern erwehren müssen. Es ist eher unwahrscheinlich, dass die Musterungstruppen in jenen Monaten des Frühjahrs 1622 etwas anderes taten als gemeinsam mit der Bevölkerung vor der beißenden Kälte Schutz zu suchen und über die Runden zu kommen.

Zudem sei darauf verwiesen, dass im Grunde die Fakten für sich sprechen. Als der junge, noch reichlich unerfahrene Christian mitsamt seinem Heer aus der Wetterau verdrängt wurde und sich nach Paderborn wandte, hatte er vor allem anderen ein Geldproblem. Seine Söldner wollten bezahlt werden, zuvorderst die Offiziere. Der idealistische Christian hielt viel auf seine Ehre, was bedeutete, dass er sein Versprechen so gut es ging, einhalten wollte. Das galt insbesondere für die Besoldung. Und was wäre ihm da willkommener gewesen als das Geld der Nonnen und der Stadt?

Sein ganzes Handeln in jenen Monaten richtete sich danach aus, Kontributionen zu erheben und Zahlungen einzuziehen, sie gegebenenfalls mit Nachdruck einzufordern. Selbst der Paderborner Liboriusschrein, um das wohl bekannteste Beispiel für Christians Geldgier zu bemühen, war ihm in erster Linie nicht Objekt eines gesteigerten Katholikenhasses, wie es so überaus gern dargestellt wird. Vielmehr muss er in dem Schrein das gesehen haben, was er daraus herstellen ließ, nämlich bare Münze! Deutlicher kann es nicht offenbar werden, wonach ihm der Sinn stand.

Die Reliquien des Heiligen Liborius verwarf er hingegen nicht. Auch diese eher unlogische Handlung für einen Calvinisten wird in der Forschung gern übersehen. Er, der calvinistische, unnachgiebige Heerführer, der Paffenfeind, ausgerechnet er bewahrte die Reliquien vor dem endgültigen Verlust? Er führte sie ein halbes Jahr lang mit sich, bis er auch sie durch den Verkauf an einen katholischen Adligen[90] zu Geld (!) machte.[91]

Mag das Schlagen der berühmten Pfaffenfeindtaler in den Augen der Zeitgenossen, Katholiken wie Lutheraner und auch einiger Calvinisten, einer Gotteslästerung gleichkommen, es war dennoch durch nichts anderes motiviert als durch die seltene Gelegenheit zu einem propagandistischen und demütigenden Schachzug gegen die Seite des Kaisers. Und obendrein, ganz vergessen hinter dem großspurigen Getöse um des „Gottes Freund und der Pfaffen Feind", verschaffte er sich so Geld, mit dem er seine Söldner weitere Zeit zufrieden zu stellen hoffte.

Vor diesem nüchternen Hintergrund leuchtet ein, dass es nur jenen gelungen sein dürfte, sich vor Übergriffen zu schützen, welche sich davon freikaufen konnten und Schutzbriefe erwarben, um so den geforderten Zahlungen nachkommen zu können. Großspurig wurden in der Folge gern *Wachen zum Schutz* für die Zahler abgestellt, was im Klartext bedeutete: Einquartierungen.

Wenn nun im Nachhinein von Drangsal und Leid im Zusammenhang mit Kloster oder Ortschaft Willebadessen die Rede ist, kann es sich nur um den Einfall der Hessischen Kontingente in schwedischen Diensten im Jahre 1631 oder die darauffolgenden Armeezüge handeln, nicht aber um den vermeintlich grausamen Braunschweiger und schon gar nicht um Herzog Christian selbst.

Wie bei der Erforschung der Biografie dieses Söldnerunternehmers auch, so macht die enorm schlechte Quellenlage die Aufarbeitung der angrenzenden Thematiken schwierig, vor allem wenn sie gegen überkommene Meinungen, welche sich meist als Kolportagen tarnen, angehen muss.

Allzu viel muss daher noch immer offen und ungeklärt bleiben, wie so vieles in Hinsicht auf den so bezeichneten Dreißigjährigen Krieg. Wo die Überlieferung durch eine von den Wirrnissen jener Zeit funktionierende und große Verwaltung, wie etwa die kaiserliche im fernen Wien, gesichert werden konnte, lassen sich bis auf den heutigen Tag reichhaltige Beweise finden, die die damaligen Vorgänge in günstiges Licht zu setzen vermögen. Doch auch ihre Überlieferung ist stets nur passiver Natur, da sie zwar berichtet, aber nicht erfahren worden war. Städte, Orte und Landschaften haben meist keine erhaltenen Verwaltungen mehr, sind ihrerseits den verschiedensten Zeitläuften unterworfen und haben im Laufe der Jahrhunderte stets vieles durch die über sie hinweggehenden Katastrophen verloren. In solchen Fällen läßt sich nur erahnen, wie die Vorkommnisse zu jenen Zeiten verliefen, und man kann sich ihnen nur über Indizien und Thesen, manchmal auch nur schlicht über Spekulationen nähern.

Eine einseitige Überlieferung darf jedoch durchaus kritisch betrachtet werden, wenn es das Ziel ist, neue Impulse zu setzen. Lokalgeschichte kann der allgemeinen politischen, gesellschaftlichen, soziologischen Geschichtsschreibung durchaus eher neue Wege aufzeigen, als es raumgreifende Abhandlungen erfassen können.

Als Ausblick für etwaige am hiesigen Beispiel orientiere Untersuchungen bedeutet das: auch ohne genaue Kenntnis vom alltäglichen Leben im Frühjahr 1622 zu erhalten, ist es möglich, mehrere Rückschlüsse auf jene entfernten Zeiten zu ziehen. Als Stichwort mag hier die noch recht junge Disziplin der *Mikrogeschichte* gelten, die auf engstem geographischem und historischem Raum den Alltag der Menschen untersucht und häufig mit nicht mehr als Indizien und versteckten Hinweisen arbeiten muss, aber Erstaunliches zutage fördern kann.

Der Herzog von Braunschweig, protzig, unerfahren und spöttisch, wie er war, empfand sich einer gewissen standesgemäßen Ethik verpflichtet. Da er selbst hingegen nie in Willebadessen erschienen sein dürfte, wird seine Gegenwart keine Rolle für den Lauf der Dinge gespielt haben, wie das etwa in Warburg oder Paderborn der Fall gewesen ist. Und da sein Sinn in jenen Tagen maßgeblich davon beeinflusst war, die Truppen zu besolden, wird er sich mit dem zufrieden gegeben haben, was das Kloster Willebadessen aufzubringen im Stande war, solange man ihm keinen Ärger machte.

Margaretha von Schaden, die dem Kloster Willebadessen in jenen Jahren bereits seit zwanzig Jahren als Äbtissin vorstand, war offenbar weise und erfahren genug, dies zu erkennen und den überaus benediktinischen, weil moderaten Weg zu wählen, der nicht auf Konfrontation und unbedingte Einhaltung des Rechts setzte. Obendrein war das Kloster nicht erst seit kurzem begütert als erste Söldner vor den Toren standen.

Möglich wäre auch, es hat einen oder vielleicht mehrere uns heute unbekannt gebliebene Fürsprecher gegeben, die sich den Nonnen oder der Stadt verbunden fühlten und ihr Wort in die Waagschale legen konnten. Das ist zwar nicht sehr wahrscheinlich, darf aber in der Reihe der möglichen Gründe für das vermutlich glimpfliche Überstehen der Braunschweiger Okkupationszeit nicht fehlen. Die Stiftsdamen aus Neuenheerse dürften allerdings in dieser Hinsicht nicht in Frage kommen, hatten sie doch ihr Wort verloren, nachdem die Barschaft der Äbtissin bereits in Christians Hände gelangt war. Doch als den direkten und wahrscheinlich einflussreicheren Nachbarn ist man geneigt an Johann von Spiegel zu denken, denn schon in seinem Beispiel war Christian gewissen Bitten und Fürsprachen gegenüber (wie aufgezeigt) nicht verschlossen geblieben und hatte eingelenkt. Johann von Spiegel war zwar ein Anhänger Luthers und alles andere als ein leiser Herr, doch sind konfessionelle Feindschaften zwischen Borlinghausen und Willebadessen nicht überliefert. Vielmehr bestand im Jahre 1622 ein bereits über vierzigjähriges respektvolles Nebeneinander, und es wäre nicht überraschend, wenn sich herausstellte, dass es die Borlinghausener waren, die beim geldhungrigen Herzog ein gutes Wort für ihre Nachbarn in Willebadessen einlegten.

Verweisen ließe sich darüber hinaus in diesem Zusammenhang auf eine Kuriosität, die nicht sehr wissenschaftlich klingt, deren Tragweite jedoch unklar ist, und die gegebenenfalls eine Spur eröffnen könnte: Denn es gleichen sich die Namen zweier hoher Damen sehr auffällig, die sich tatsächlich persönlich begegnet sein können: als Äbtissin stand seit 1602 *Margaretha von Schaden* dem Kloster vor.[92] Eine Frau etwa gleichen Alters war *Anna von Schaden*, die Gattin des braunschweigischen Obristen und Regimentsführers Dodo von Innhausen zu Knyphausen, welche ihren Mann in jenen Monaten begleitete. In welcher Beziehung die beiden Frauen zueinander standen, ob sie etwa überhaupt verwandt oder nur zufällig gleichen Namens waren, konnte nicht eindeutig geklärt werden. Erfahrungsgemäß wäre der Zufall weniger anzunehmen. Vielmehr, dass die Damen zwar entfernt verwandt, aber einander nicht sonderlich zugetan gewesen sind. Aber wie diesem Hinweis auch zu begegnen ist, er dürfte ein weiteres Licht auf die Frage werfen, ob Willebadessen im Frühjahr verschont blieb und aus welchem Grund.

Zuletzt soll die Möglichkeit nicht unerwähnt bleiben, dass auch in der Willebadessener Bürgerschaft als Grund für einen glimpflichen Ablauf jener ersten Kriegseinquartierungen vermutet werden kann. Da die Führung der braunschweigischen Truppen zuallererst an Geld interessiert war und zu seiner Beschaffung so rechtsbeugend wie rigide vorging und obendrein hierfür keine nennenswerten Unterschiede unter den Bekenntnissen machte, ist nicht auszuschließen, dass ein wesentlicher Teil einer Unterbringung der Söldner schlicht durch geduldiges Ertragen der misslichen Lasten bewerkstelligt werden konnte. Eine übermäßige Opposition gegen das braunschweigische Diktat hätte nur dessen gekränkten Ehrgeiz und Wut heraufbeschworen. Dass aber hiervon nichts bekannt geworden ist, deutet einmal mehr auf die Vermeidung jeglicher Ausschreitungen hin, obwohl es in den verschiedensten Winkeln der Geschichtsschreibung nur umso lieber aufgenommen und als eine weitere spektakuläre Verfehlung des „tollen Christian" überliefert worden wäre.

Die hier dargelegten deutlichen Hinweise auf das Verhalten der Braunschweiger resp. Mansfelder und Durlacher Truppen sind freilich nur ein kleiner Teil der Überlieferung. Was sich tatsächlich im Raum Neuenheerse-Willebadessen-Borlinghausen abspielte, kann bei der überaus schlechten Quellenlage nicht erschöpfend wiedergegeben werden, doch muss man für das Anfangsstadium des Krieges von einem noch „einigermaßen korrekt" zu nennendem Verhalten der Kriegsparteien ausgehen. Aber natürlich hatte die Bevölkerung der Stadt wie auch die Bewohner des Klosters Willebadessen schon mit erheblichen Repressalien zu kämpfen.

Das in sich eher kleine, gar unbedeutend erscheinende und vielleicht nur auf lokalhistorischer Ebene anzusiedelnde Thema Willebadessens während der Besetzung durch Braunschweigische Truppen verweist jedoch weit über den thematischen Deutungshorizont hinaus. Die allgemein gängige Sicht der Forschung auf den Braunschweiger Herzog Christian, die konträr zu dessen wahrscheinlichen Verhalten steht, wirft die Frage auf, inwieweit die Überlieferung zum Braunschweiger Herzog überhaupt stimmig ist und ob nicht doch noch erhebliche Lücken vorhanden sind in diesem reichspolitisch bedeutenden Thema, das doch gemeinhin als abgeschlossen gilt.

Benutzte Literatur

Akkerman, Nadine: The Correspondece of Elisabeth Stuart, Queen of Bohemia. Volume I (1603-1631), Oxford 2015.

Börste, N./ Santel, Gregor G.: Schloss Neuhaus bei Paderborn. Berlin 2015.

Braun, Bettina: Paderborn im Dreißigjährigen Krieg, in: Göttmann, Frank: Paderborn. Bd. 2, S. 201-265.

Burschel, Peter: Söldner im Nordwestdeutschland des 16. und 17. Jahrhunderts, Göttingen 1994. Sozialgeschichtliche Studien (Veröffentlichungen des Max-Planck-Instituts für Geschichte. Bd. 113), Diss., Universität Göttingen 1992.

Der tolle Christian im Paderborner Lande, in: Heimatborn. Monatsschrift für Heimatkunde des ehemaligen Hochstifts Paderborn u.d. angrenzenden Gebiete (Beilage zum Westfälischen Volksblatt), 2. Jg., Paderborn 1922, Nr. 8, S. 29 f. und Nr. 9, S. 33 ff.

Dethlefs, Gerd: Die Pfaffenfeindmünze des Herzogs Christian von Braunschweig 1622, in: Numismatisches Nachrichtenblatt, 3/2000, 49. Jg., S. 92-112.

Findeisen, Jörg-Peter; Der Dreißigjährige Krieg – eine Epoche in Lebensbildern. Darmstadt 1998.

Gemmecke, Anton: Geschichte des adeligen Damenstifts zu Neuenheerse. Paderborn 1931.

Göttmann, Frank [Hg.]: Paderborn. Geschichte der Stadt und ihrer Region, Bd. 2, Die Frühe Neuzeit, Paderborn 1999.

Hengst, Karl u. Müller, Heinrich: Willebadessen gestern und heute. Beiträge zur Geschichte von Kloster, Stadt und Pfarrgemeinde aus Anlaß der Klostergründung vor 850 Jahren, Paderborn 1999.

Kaiser, Michael: Ausreißer und Meuterer im Dreißigjährigen Krieg, in: Bröckling, U. u. Sikora, M. [Hgg.]: Armeen und ihre Deserteure. Vernachlässigte Kapitel einer Militärgeschichte der Neuzeit, Göttingen 1998.

Kroener, Burkhard: »Kriegsgurgeln, Freibeuter und Merodebrüder.« Der Soldat des Dreißigjährigen Krieges. Täter und Opfer, in: Wolfram Wette [Hg.]: Der Krieg des kleinen Mannes. Eine Militärgeschichte von unten, 2. Aufl., München 1995.

Krüssmann, Walter: Ernst von Mansfeld. Grafensohn, Söldnerführer, Kriegsunternehmer gegen Habsburg im Dreißigjährigen Krieg. Berlin 2010.

Lammert, Gottfried: Geschichte der Seuchen, Hungers- und Kriegsnoth zur Zeit des Dreißigjährigen Krieges. Wiesbaden 1890 (ND 1987).

Lippert, Fritz: Borlinghausen. Heimatgeschichte der Landschaft und des Dorfes in Wort und Bild, Borlinghausen 1965.

Neuwöhner, Andreas: Im Zeichen des Mars. Quellen zur Geschichte des Dreißigjährigen Krieges und des Westfälischen Friedens in den Stiften Paderborn und Corvey, Paderborn 1998.

Sauermann, Dietmar [Hg.]: Sagen aus dem Dreißigjährigen Krieg, Husum 1998.

Spiegel v. u. zu Peckelsheim, Raban Frhr.: Geschichte der Spiegel zum Desenberg und v. u. zu Peckelsheim, zugleich ein Beitrag zur westfälisch-hessischen Heimatgeschichte. Nach der Trennung der beiden Hauptlinien in verschiedene Äste und Zweige ab 1550, Bd. 2, 1956, S. XX ff., XXXIII, 346-350 u. 377-385.

Teske, Gunnar: Bürger, Bauern, Söldner und Gesandte. Der Dreißigjährige Krieg und der Westfälische Frieden in Westfalen, Münster 1997.

Westenfelder, Frank: Eine kleine Geschichte der Söldner. Historische Gestalten auf dem Weg in die Moderne, Sankt Augustin 2011.

Wertheim, Hans: Der tolle Halberstädter. Herzog Christian von Braunschweig im Pfälzischen Kriege 1621–1622. Ein Abschnitt aus dem Dreißigjährigen Kriege. 2 Bde., (Diss. 1927) Berlin 1929.

Xylander, Heinrich von: Herzog Christian der Jüngere von Braunschweig und Lüneburg 1599-1626. Das Leben eines protestantischen Führers aus dem Beginn des Dreißigjährigen Krieges. (Diss. 1926) Vollständige Ausgabe. Hrsg. v. Th. Thalmaier, Willebadessen 2014.

Anmerkungen

[1] Nach Andreas Gryphius (1616-1664) Sonett „Thränen des Vaterlandes. Anno 1636" von 1658.

[2] Die Schrift wird mittlerweile zwar angezweifelt, gilt hingegen noch als maßgeblich weisende Arbeit zum Thema Bevölkerungsverlust im Dreißigjährigen Krieg.

[3] Sauermann, 51 u. 58.

[4] Sauermann, 20.

[5] Xylander, 160.

[6] Annette von Droste-Hülshoff: Kurt von Spiegel. 1844.

[7] Börste/Santel, 33.

[8] Löhneysen war zunächst als Reit- und Fechtmeister am Dresdener Hof tätig, ab 1583 verantwortlich für alle Ställe sowie die Ausbildung von Reitern und Pferden am Hof in Wolfenbüttel. 1588 legte er u. a. Schriften zur Ausbildung und Haltung von Pferden vor, darunter die berühmt gewordene „Neu eröffnete Hof-, Kriegs- und Reitschul", die mehrfach neu aufgelegt wurde, zuletzt als Reprint im Jahr 1977.

[9] Xylander, 48.

[10] Wertheim, Bd. II, 37 f.

[11] Göttmann, XIII.

[12] Die Quellenlage in den Archiven ist ausgesprochen schlecht. Das Erzbistumsarchiv in Paderborn beinhaltet keine Unterlagen hinsichtlich Willebadesser Geschichte zum Zeitraum um 1622. Das Landesarchiv in Münster, Abteilung Westfalen (LAV NRW W), verfügt ebenso über keine direkten Quellen zum genannten Zeitraum, ebenso die Abteilung Ostwestfalen in Detmold. Auch das Pfarrarchiv der Gemeinde St. Vitus in Willebadessen führt keine Archivalien aus dem Frühjahr 1622.

[13] Der tolle Christian im Paderborner Land, in: Heimatborn. Monatsschrift für Heimatkunde des ehemaligen Hochstifts Paderborn u. d.

angrenzenden Gebiete (Beilage zum Westfälischen Volksblatt), 2. Jg., Paderborn 1922, Nr. 8, 29 f. und Nr. 9, 33 ff.

[14] Die „protestantische Sache" war in dieser Hinsicht weniger das Eintreten für den neuen Glauben als vielmehr für die Rechte der Reichsstände und des Hochadels, die sich durch die reaktionäre Politik des Kaisers in ihren Rechten arg zurückgesetzt wähnten.

[15] Braun, 204 f.

[16] Wertheim II, 105.

[17] Xylander, 51.

[18] Wenig Beachtung fand bislang in diesem Zusammenhang ein modisches Accessoire Christians: die Haarsträhne an der linken Schläfe, die auf Portraits zu erkennen ist. Diese Strähne galt unter den Anhängern der Böhmischen, und im Weiteren der Teutschen Sache, als politisches Statement und somit Erkennungsmerkmal, das bevorzugt junge Adelige trugen. Da sich die Böhmische Sache um Elisabeth Stuart drehte, wurde die Liebschaft Christians mit der Königin von Böhmen kolportiert, wofür es keinerlei Beweise und nicht einmal Andeutungen gibt. Vgl.: Akkerman, The Correspondences.

[19] Xylander, 105.

[20] Wertheim II, 49 f.

[21] Östlich der Weser war Braunschweiger Gebiet, südlich war das in jenen Jahren noch neutrale Hessen-Kassel. Aus diesen Richtungen drohte keine Gefahr.

[22] Braun, 205-208.

[23] Xylander, 92, Anm. 211; Wertheim II, 51.

[24] Besonders drastisch sollte sich dies am 20. Mai 1631 an der sog. „Magdeburger Hochzeit" zeigen, als ligistische Truppen Magdeburg sämtlich niederbrannten.

[25] Wertheim, 169 ff.; Weskamp, 84. Beide Autoren vertreten die Meinung, es habe sich hierbei um einen Saboteur aus ligistischem Lager gehandelt, der im Auftrag des Oberstleutnants Matthias Gallas handelte.

[26] Es ist nicht klar, welcher Strafe er zugeführt wurde. Die früheste Schilderung findet sich im Theatrum Europäum (Frankfurt/Main 1662, Bd. 1, 630), wo es heißt: „/und einen/welcher die Lippstadt in Brand stecken/und ihm vergeben wollen/viertheilen/und zwei Jesuiter aus Münster gefangen nehmen lassen".

[27] Burschel, 97-129.

[28] Krüssmann, 322-336.

[29] Wertheim I. 405-462.

[30] Burschel, 12: „Man weiß inzwischen sehr viel mehr über den Räuber als über den Söldner".

[31] Kroener, 55.

[32] *Doppelsold* bedeutet einerseits einen doppelt ausgezahlten Sold wie auch synonym die Annahme von besonderen Aufgaben, die meist doppelten Mut, doppeltes Geschick und nicht minder doppeltes Glück erforderten, um eine doppelte Gefahr erfolgreich meistern zu können. Doppelsold nahmen Freiwillige an, die eine sehr schnelle Auffrischung entweder ihrer Börse oder ihrer Reputation anstrebten. Ein bekanntes Beispiel für die Aufstiegsmöglichkeiten talentierter wiewohl skrupelloser Figuren sind der Ire Walter Butler und der Schotte John Gordon. Beide entstammten einfachen Verhältnissen und brachten es in Wallensteins Armee beide bis zum Obristen. Und beider Namen sind zusammen mit dem ihres Landsmanns Walter Leslie bekannt als drei der Attentäter auf den Feldherrn Wallenstein, die ihren Plan zur Ermordung ihres Dienstherren am 25. Februar 1634 im böhmischen Eger erfolgreich in die Tat umsetzten. Zumindest in Leslies Fall erbrachte die Bluttat einen gesellschaftlichen Aufstieg: er wurde zum Reichsgrafen und später zum Feldmarschall ernannt. Butler fiel an Weihnachten 1634 bei in der Schlacht bei Schorndorf. Über den weiteren Lebensweg John Gordons ist nichts bekannt.

[33] Westenfelder, 100.

[34] Westenfelder, 11.

[35] Westenfelder, 98.

[36] Westenfelder, 106.
[37] Burschel, 173.
[38] Westenfelder, 98
[39] Kroener, 60 f.
[40] Kaiser, 56.
[41] Kroener, 59.
[42] Burschel, 164.
[43] Kroener, 59.
[44] Oberwäldischer Bezirk oder auch Oberwälder Land bezeichnet im historischen Raum des Hochstifts Paderborn in etwa die Fläche und Landschaft des bis 1974 bestehenden Altkreises Höxter mit weitgefassten Ausläufern in die südliche Warburg Börde.
[45] Findeisen, 108.
[46] Eine fundierte Analyse des Charakters als auch des Wesens des Herzogs steht bis heute aus. Sicher ist nur, dass seine Gestalt bis auf den heutigen Tag zu polarisieren vermag. Die überwiegende Mehrheit der Autoren findet in ihm den verderblichen Charakter des heraufziehenden Krieges in Person wieder. Wissenschaftliche und unabhängige Autoren hingegen kommen durchweg zu einem positiveren Urteil.
[47] Ein präzises Bild der Sicht der Standesgenossen auf Christian zeichnet sich in der von Nadine Akkerman herausgegebenen Korrespondenz Elisabeth Stuarts ab. Man schenkte ihm nur wenig Aufmerksamkeit, und eine bedeutende Rolle hatte er nicht inne.
[48] Neuwöhner, 17; Braun, 204.
[49] Krüssmann, 346.
[50] Xylander, 94; Wertheim II, 10.
[51] Soest, Lippstadt und Paderborn dienten Christian in den ersten Monaten des Jahres 1622 als Stützpunkte. Vgl. Teske, 51.
[52] Wertheim, 48.
[53] Vgl. hierzu: David, Willebadessen, 61 u. 64 f.

[54] LAV NRW W, Kloster Abdinghof, Paderborn-Akten, Nr. 67, 1524-1670, Bl. 45-52. Der Vorfall ist bisher noch nicht eingehender untersucht worden.

[55] David, 58.

[56] Die grundlegende Erneuerung des alten Klosterbaubestandes fand erst ab 1720 statt, vgl. Strohmann, Willebadessen, 151.

[57] Vgl. von Wrede / Müller, Willebadessen, 203-218.

[58] Teske, 51.

[59] Teske, 51; Xylander, 98.

[60] LAV NRW W, Kloster Marienmünster – Urkunden, Nr. 32 vom 15. Juni 1626. Diese Urkunde bezieht sich auf die Plünderung und Vernichtung von Archivalien am 15. April 1626 und benennt Braunschweigische Truppen lediglich als teilweise schuldhaft an der Plünderung des Klosters im Jahre 1621.

[61] Hengst, Willebadessen, 118 f.

[62] Neuwöhner, 57.

[63] Hengst, Willebadessen, 116.

[64] Sitzungsprotokoll der Paderborner Regierungskanzlei vom 30. März 1626: Neuwöhner, 157. Offenbar rechnete man Altenheerse und Helmern zu Willebadessen oder diese beiden Orte spielten bei dieser Einquartierung keine Rolle, denn sie werden nicht explizit genannt.

[65] Braun, 260-263.

[66] Der Komet C/1618 W1 wurde am 25. November erstmals gesichtet und war einer der ersten mit dem bloßen Auge erkennbaren Kometen, die wissenschaftlich untersucht und ausgewertet werden konnten. Er war bis ins folgende Jahr 1619 zu sehen.

[67] fl = kaufmännische Abkürzung für „Florin". Gemeint ist der Gulden, die Goldmünze.

[68] Lammert, 48-57.

[69] Wertheim II, 49.

[70] Wertheim II, 48.

[71] Lippert, S. 30.

[72] Lippert, 50 f.

[73] Spiegel, 379.

[74] Spiegel, 380.

[75] Aus einer Urkunde vom 29. September 1609 im Archiv des Gutes Spiegelsberge über den Verkauf des Drittels am „Sparrenberger Burgsitz" in Bielefeld für 5500 Reichsthaler an den Vetter „Georg Spiegel von Peckelsheim auf Schweckhausen" geht das familiäre Verhältnis der beiden Brüder, Arndts (=Arnoldts) Domherrenschaft in Halberstadt und Johanns Titel als Erbmarschall des Stiftes Paderborn hervor. Vgl. LWL Archivamt für Westfalen, Archiv Spiegelsberge, Urkunden (Spg.Uk), 1609-09-29. Arndt von Spiegel zu Peckelsheim (* 27. November 1575 in Peckelsheim, † Mai 1651 in Halberstadt) dürfte demnach Christian persönlich bekannt gewesen sein.

[76] Lippert, 100.

[77] Spiegel, 378.

[78] Spiegel, XXXIII.

[79] Spiegel, 348.

[80] Lippert, S. 129 u. 158. Erbaut 1595 durch Catarina Kanne, die Witwe Werner von Spiegels. Die ehemalige Kapelle ist heute der südliche Querarm der kath. Kirche St. Kilian in Löwen.

[81] Das alte Hohlmaß *Scheffel* war überaus uneinheitlich und regional verschieden. Anzunehmen ist hier das Maß des Paderborner Scheffels, was in etwa heutigen 42 Litern entspräche. Insgesamt ein Maß von über 521 Hektolitern Getreide.

[82] Gemmecke, 302.

[83] Gemmecke, 302.

[84] Gemmecke, 302.

[85] Auch Wertheim stellt mehrfach heraus, dass es sich bei den Requirierungen und Plünderungen noch lediglich um das Anhäufen von Geld, Getreide und Munition handelte. Vgl. ebd. Bd. II, 42-54.

[86] Gemmecke, S. 303. Im Gegensatz zur Darstellung in den meisten Legenden verhielt sich Christian von Braunschweig gerade gegenüber Ordensleuten einwandfrei. Die Paderborner Jesuiten (Athanasius Kircher war bereits geflohen, Matthäus Rimäus war geblieben) fanden in ihm einen stattlichen jungen Mann; die Kapuziner ebendort erhielten von ihm Almosen.

[87] Ordner Belege 17. Jahrhundert. Man beachte den für das Vorsteheramt des Magistrats benutzten Plural *Consulibus*. – An dieser Stelle gilt mein Dank Herrn Pfarrer Bernd Götze, der mir den Zugang zum Archiv ermöglichte und mit dessen Hilfe ich die Abschrift letztlich finden konnte. Die Notiz selbst ist wegen erster Restaurationen in den 1930er Jahren nicht immer lesbar, weist zudem Knicke und Flecke sowie überklebte Ränder auf. Ich habe hier meine vermuteten Zusätze in eckige Klammern gestellt.

[88] Er geriet später in arge Erklärungsnot, weil er sich von seinem einmal gegebenen Ehrenwort nicht abbringen lassen wollte. So hielt er bis zu seinem Ableben 1626 daran fest, das Versprechen halten zu wollen, das er freiwillig Elisabeth Stuart als der in seinen Augen rechtmäßigen Böhmischen Königin gegeben hatte, obwohl ihn selbst die engsten Verwandten bedrängten, von diesem längst bedeutungslos gewordenem Versprechen abzurücken. Für das Einhalten seines Wortes riskierte er die Überwerfung mit der eigenen herzoglichen Familie und selbst mit seinem Onkel, König Christian IV. von Dänemark. Als Folge dieses Starrsinns – oder seiner Beharrlichkeit – verlor er 1623 den Anspruch auf den Bischofsstuhl von Halberstadt. Schon aus einem Brief an seine Mutter Elisabeth vom 6. Oktober 1621 geht hervor, dass er nichts mehr fürchtete als *"Disreputation, denn mir mein Ehr tausend Mal lieber ist als mein Leben"*. 1624 bekräftigte er diese Ansicht erneut (Xylander, 88 u. 158), und damit war er einmal mehr Vorbild für die ihm folgenden adligen Offiziere, die sich gleich ihm mit Haut und Haar der „teutschen Sache" verschrieben hatten.

[89] Braun, 260.

[90] Meist wird hier der Herzog von Croy genannt. Wer es aber tatsächlich war, der die Reliquien zurückkaufte, auch das ist weiterhin unklar.

[91] Vgl. hierzu Dethlefs, 93: insgesamt soll er in dieser Zeit in Westfalen eine halbe Million Taler erbeutet und erpresst haben, die er zur Aufstellung einer Armee von 16.000 Mann einsetzte - „Die Pfaffenfeindtaler dient als Werbe- und Lockmittel". Der Autor veranschlagt die Menge des gewonnenen Edelmetalls aus dem Liboriusschrein mit ca. 5,6 kg Gold.

[92] Vgl. Hengst/Müller, S. 141.